Robert Walser

rowohlts monographien
begründet von Kurt Kusenberg
herausgegeben von
Uwe Naumann

Robert Walser

Dargestellt von Diana Schilling

Rowohlt Taschenbuch Verlag

Umschlagvorderseite: Der junge Robert Walser
in Zürich, um 1900
Umschlagrückseite: Robert Walser auf einer Wanderung
von St. Gallen nach Trogen, 31. Januar 1937. Foto von Carl Seelig
Ausschnitt aus dem Mikrogramm Nr. 184 Robert Walsers

Seite 3: Karl Walser: Porträt Robert Walser, abgebildet in «Pan»,
15. Oktober 1911

Für Leon, Jakob und Meret

Originalausgabe
Veröffentlicht im Rowohlt Taschenbuch Verlag,
Reinbek bei Hamburg, September 2007
Copyright © 2007 by Rowohlt Verlag GmbH,
Reinbek bei Hamburg
Umschlaggestaltung any.way, Wiebke Jakobs,
nach einem Entwurf von Ivar Bläsi
Redaktion Wolfgang Müller
Redaktionsassistenz Katrin Finkemeier
Reihentypographie Daniel Sauthoff
Layout Gabriele Boekholt
Satz PE Proforma *und* Foundry Sans *PostScript,*
InDesign CS2 4.0.2.
Gesamtherstellung Clausen & Bosse, Leck
Printed in Germany
ISBN 978 3 499 50660 4

Inhalt

Der Erzähler   7

Alles Komödie   13

Der Dichter   21

Romancier in Berlin   29

Maler-Bruder   54

Poetenleben   64

Der Spaziergänger   73

Schweizer Autor   85

Der Bleistiftler   106

«Der Räuber»   123

Der Insasse   131

Der Schriftsteller   142

Anmerkungen   147

Zeittafel   151

Zeugnisse   153

Bibliographie   155

Namenregister   156

Über die Autorin   158

Quellennachweis der Abbildungen   159

Robert Walser auf einer Wanderung zum Säntis,
1. Juni 1942. Foto von Carl Seelig

Der Erzähler

Diener und Dame ist ein kleines Prosastück Robert Walsers überschrieben. Es ist Mitte der 1920er Jahre entstanden und zählt zu den Texten, die zu Lebzeiten des Autors nicht mehr erschienen sind.[1] Erzählt wird darin die Begegnung eines Dichters mit einer Dame, die den bewunderten Autor nach der Lektüre seiner Texte zu kennen glaubt. Geradezu verärgert reagiert der Dichter: *Ihr so netter Glaube an mich läßt mich kalt. Im übrigen benehme ich mich gern anders, als wie es Bücher erwarten lassen, die ich lediglich schrieb, damit sie gelesen würden.*

Robert Walser wollte nicht gekannt, wollte eigentlich «nur gelesen werden»[2]. Jeder Versuch einer Annäherung irritierte ihn. *Niemand ist berechtigt, sich mir gegenüber so zu benehmen, als kennte er mich* (8,78), schrieb er ein anderes Mal. Der Satz ist zu Recht einer der meistzitierten geworden. Jenes kleine Prosastück zählt hingegen zu den mühsam aus dem immensen Vorrat an späten Prosaskizzen gehobenen, kaum noch wahrgenommenen Texten. Robert Walser hatte eine Vorstellung davon, wie schwer es ist, die Kunst seiner Prosa zu retten vor dem einnehmenden Zugriff eines voyeuristischen Publikums: *Lassen Sie mir bitte das bißchen Kunst hübsch im Rahmen.* (MG 1,62)

Die Walsers haben einen Papeterie- und Spielwarenladen in der damals kleinen Stadt Biel in der Nidaugasse, an der Hauptgeschäftsstraße. Es geht ihnen so gut, dass Robert Otto Walser, der am 15. April 1878 geboren wird, eine behütete Kindheit erlebt. Dienstboten sind im Haus, die Eltern haben

Zeit für die Kinder. Adolf wird 1869 geboren, fünfzehnjährig stirbt er an der Schwindsucht. Hermann kommt 1870 zur Welt, zwei Jahre später Oscar, dann Ernst 1873 und das erste Mädchen, Lisa, 1874. Karl wird 1877 geboren, ein Jahr vor Robert, und schließlich Fanny, 1882.

Lebhaft geht es zu, denn auch Besucherkinder sind oft dabei. Es gefällt ihnen in der Familie, aus dem Geschäft wird zum Spielen gelegentlich etwas ganz Neues heraufgeholt. «Sehr kinderfreundlich»[3] seien sie gewesen, die Eltern, erinnert sich später eine Freundin von Lisa Walser. Robert und Karl galten als Lausbuben, als unzertrennliches Duo fielen sie auf. Sie werden recht selbständig gewesen sein neben den vielen Geschwistern. Robert und Karl Walser brauchten sich, hingen aneinander. Das war bis ins Erwachsenenalter so.

Ende der 1880er Jahre läuft das Geschäft nicht mehr, der «Großen Depression» fallen «zwischen 1876 und 1895 zahllose kleinere Betriebe in Handel und Gewerbe zum Opfer», auch soll der Vater kein guter Kaufmann gewesen sein.[4] Die Familie muss Zimmer vermieten, schließlich umziehen in einen ärmeren Stadtteil. Der wirtschaftliche Abstieg hinterlässt seine Spuren im Leben der Familie. Elisa Walser-Marti, die Mutter, ist dem Niedergang psychisch nicht gewachsen.

Adolf Walser (1833–1914)
Der Vater Robert Walsers war Sohn eines Pfarrers, das neunte von insgesamt dreizehn Kindern. Nach einer kaufmännischen Ausbildung in Paris eröffnete er 1864 an der Nidaugasse in Biel ein Buchbinderatelier, dem er später ein Papeterie- und Spielwarengeschäft angliederte. Aber der geschäftliche Erfolg blieb langfristig aus, die Familie zog in ein kleineres Ladenlokal um. Nach der Erkrankung seiner Frau musste Adolf Walser auch dieses Geschäft aufgeben und handelte schließlich mit Wein und Olivenöl. Robert Mächler schrieb über Walsers Vater, dass er «den heranwachsenden Kindern […] nicht viel anderes auf den Lebensweg mitzugeben» hatte «als das Vorbild einer heiteren Resignation». (In: Das Leben Robert Walsers. Frankfurt a. M. 1992, S. 20)

Der Vater Adolf Walser
(1833 – 1914)

Die Mutter Elisa
Walser-Marti (1839 – 1894)

Sie erkrankt und stirbt früh, bereits 1894. Aber auch während der vorausgehenden Jahre ist das Fehlen der Mutter spürbar. Sie wird von Lisa gepflegt, die sich außerdem um den Haushalt und die Geschwister kümmern muss. Das sind keine Bedingungen für ehrgeizige Lebensentwürfe, und die

Elisa Walser-Marti (1839 – 1894)
Elisa Walser-Marti stammte aus dem Emmental und war das jüngste von drei Kindern. Ihre Mutter kam aus einer Bauernfamilie, und es war der Großvater, der Elisa zur Taufe anmelden musste, weil ihr Vater, erst fünfundzwanzigjährig, gestorben war. Als junges Mädchen folgte Elisa ihrer älteren Schwester Fanny nach Biel, um ihr im Haushalt und im Geschäft zu helfen. Hier lernte sie den Geschäftsmann Adolf Walser kennen, den sie am 25. Juli 1868 heiratete. Acht Kinder hat Elisa Walser-Marti zur Welt gebracht. Im Unterschied zu ihrem Mann galt sie als sehr ehrgeizig. Den wirtschaftlichen Verlusten schien sie aber seelisch nicht gewachsen zu sein. Sie wurde, wie es damals hieß, «gemütskrank» und starb bereits 1894.

Die Nidaugasse in Biel. Postkarte, um 1910

wirtschaftlichen Umstände verschlechtern sich zusehends. Sie zwingen Robert und Karl Walser zum vorzeitigen Schulaustritt, jeweils ein Jahr vor Abschluss des Progymnasiums.

1892 geht Robert Walser bei einer Bieler Filiale der Berner Kantonalbank in die Lehre. Es ist zugleich das Jahr, in dem sein Leben die äußere Form verliert, die ihm seine Kindheit und die Schulzeit bis dahin gegeben hatten. Die wirtschaftlichen Probleme und die fehlende Fürsorge der Mutter, die sehr ehrgeizig war, schaffen ein Vakuum. Das Bankgeschäft ist von allen Versuchen, jene Form zurückzuerlangen, womöglich der aussichtsloseste. Die frühen Texte Walsers haben den distanzierten Blick auf eine Existenz, die eben bloß scheinbar dem Leben eine besondere Struktur gibt. In einem der zahlreichen inneren Monologe des Romans *Geschwister Tanner* (1907) sinniert Simon über die Einförmigkeit des Daseins, wie er es an zahllosen Mitarbeitern eines großen Bankhauses beobachtet: *Sie kommen alle aus ganz verschiedenen Richtungen, ja einige fahren sogar mit der Eisenbahn aus*

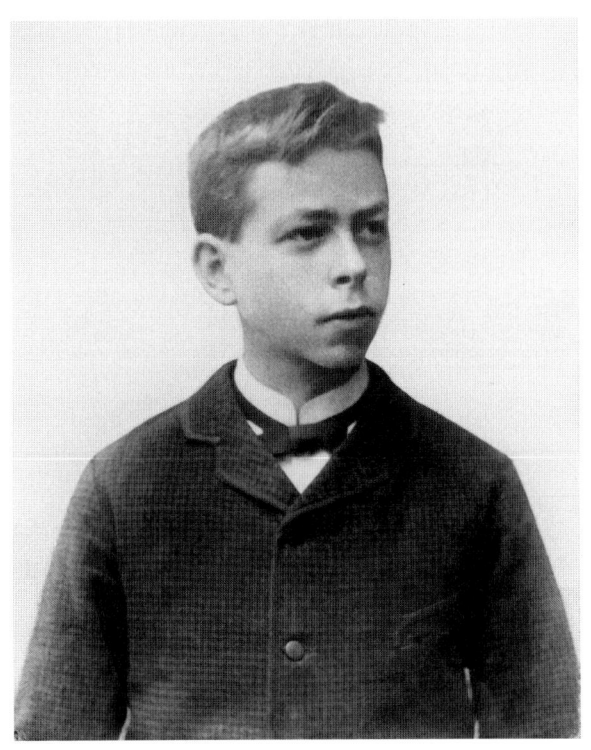

Robert Walser als Konfirmand, 1893

entfernten Gegenden daher, sie [...] sind so geduldig dabei wie eine
Herde von Lämmern, verstreuen sich, wenn es Abend wird, wieder
in ihre speziellen Richtungen, und morgen, um dieselbe Zeit, finden
sie sich alle wieder ein. [...] Sie gleichen sich alle und sind doch alle
fremd und wenn einer unter ihnen stirbt oder eine Unterschlagung
macht, so verwundern sie sich einen Vormittag lang darüber, und
dann geht es weiter. (9,37) Meldet sich der Erzähler gelegentlich zurück, werden die Bilder abstrakter. *Da schlug es Mittag,*
und alle diese Arbeits- und Berufsmenschen liefen wie ein Haufen
von Ameisen nach allen Straßenrichtungen auseinander. Es wim-
melte auf der weißen Brücke von schwarzen, beweglichen Punk-

ten. (9,61) Weil Robert Walser zeitlebens überall da, wo andere einen Beruf haben, gelegentlich sogar leben, bloß eine Gastrolle hat, kann er genau hinsehen. Auch das sind seine vielen Prosatexte: Protokolle eines sorgfältigen Zuschauers, «wie mit der Lupe erzählt» [5].

Alles Komödie

Man erzählt es gern von Kindern, weil es so besonders scheint oder wenigstens richtig im Sinne einer umfassenden Ausbildung der jungen Charaktere: dass Kinder sich verkleiden, in andere Rollen schlüpfen, Theater spielen. Dabei ist es gang und gäbe, vor allem in bürgerlichen Haushalten. Bei der Familie Walser wird das Verkleiden deshalb viel Vergnügen gemacht haben, weil man da nicht um Kostümstücke feilschen musste mit den Eltern, sondern aus dem Fundus eines Spielwarenladens schöpfen konnte. Robert Walser ist sechzehn Jahre alt, als sein Bruder ihn malt in der Rolle des Karl Moor – in einem Alter also, in dem das Spielen weniger, das Wünschen konkreter wird. «Auf vielseitiges Verlangen»[6], so konnte man auf Plakaten in Biel lesen, wurden am 18. Februar 1894 Schillers «Räuber» gegeben. In seinen Texten wird Walser das Stück häufig erwähnen – es muss den Heranwachsenden beeindruckt haben.

Das Aquarell, die Sicherheit, mit der es gemalt ist, zeigt bereits deutlich, was Karl Walser werden wird. Von Robert Walser weiß man es nur ungefähr: Er gefällt sich in Rollen. Auch Schauspieler will er sein, doch ohne Leidenschaft. Es ist gewiss mehr das Versteckspiel hinter der Rolle, das ihn reizt. Und dieses Spiel mit den Realitäten: Die Grenze zwischen Wirklichkeit und Fiktion ist bei ihm nicht selten bis zur Unkenntlichkeit verblasst. Es ist ein Thema schon in den ersten Texten, in dem Dramolett *Die Knaben* (1902) zum Beispiel. *Willst du das wirkliche Leben mit dem Scheine vertauschen, den Körper mit seinem Reflex?* (14,7) Heinrich fragt das Franz, der solchen Gegensatz gar nicht gelten lassen will.

Karl Walser:
Robert Walser
als Karl Moor.
1894, Aquarell

Uh, die Philosophen. Ich gehe zur Bühne in der Absicht, mir dort
ein lebendiges Leben einzurichten. (14,8)

Robert Walser wird nicht zur Bühne gehen. Das pro-
fessionelle Spiel mit dem Anderssein hätte wohl auch gar
nicht gepasst zu ihm, der sich das So-Sein zeitlebens verbat.
Im Unterschied zur literarischen Szene findet er im Theater
keinen Fürsprecher. Aber es interessiert ihn sehr. Im Bieler
«Dramatischen Verein» ist er Mitglied gewesen, trat dort
in kleinen Amateurrollen auf.[7] Und in Stuttgart, wohin es
den Siebzehnjährigen Anfang September 1895 verschlägt,
verfolgt Robert Walser weiterhin seine Ambitionen, Schau-

spieler zu werden. Er ist seinem Bruder Karl nachgereist, der in der württembergischen Residenzstadt seit einigen Monaten bereits das Handwerk des Dekorations- beziehungsweise Stubenmalers lernt. Tagsüber arbeitet Robert Walser als Kontorist im Stuttgarter Verlagsbuchhandel, die Abende verbringen die Brüder im Königlichen Hoftheater. Als Robert Walser schließlich, von der Bühne fasziniert, aus einer gelernten Rolle vorspricht, wird er zurückgewiesen. Über die Umstände dieses Misserfolgs gibt es viele Mutmaßungen, mehr aber nicht.[8] Ende September 1896 kehrt er, über Tübingen, Hechingen und Schaffhausen wandernd, in die Schweiz zurück. Nach Zürich diesmal, als Schriftsteller.

Die Titelfigur der recht frühen Erzählung *Wenzel* (1909) ist *ein junger Drahtfabriklehrling, ungefähr siebzehn Jahre* alt, nicht Robert Walser. Und die Stadt, in der die Geschichte spielt, heißt *Twann*, nicht Stuttgart. Und so ist die vielgestellte Frage, ob es tatsächlich so gewesen war, bloß müßig. Was der Text hingegen zeigt, ist die Lust des Verlagsangestellten am Rollenspiel und auch, dass Robert Walser sich auskannte mit den Klassikern. Er lässt Wenzel einen Bittbrief schreiben und bemüht die in solchem Kontext denkbar höchste Autorität zur Rechtfertigung des Anliegens: *Nehmen Sie mir diesen Ton nicht übel, der junge Schiller hat auch so gesprochen.* (2,84)

Das Theater war in der Vorstellung Robert Walsers ein wichtiges Forum, die Unmittelbarkeit des sprachlichen Ausdrucks, die Kommentierung des Gesagten durch Mimik und Gebärde, also die Emotionalisierung von Sprache – das alles musste der Mitteilungslust des jungen Autors entgegenkommen. Sein Medium freilich wurde die Bühne nicht. Für diese Flut von Wahrnehmungen, die Worte werden sollten, für diesen ungeheuren Drang, sich sprachlich mitzuteilen, bot das Theater nur scheinbar die passende Form. Das frühe Dramolett *Dichter*, das 1900 in der «Insel» erschien, handelt auch vom Schreibenmüssen, von dem Zwang geradezu, alle Empfindungen in Sprache aufzulösen. Es erklärt, weshalb jemand schreibt: *Was soll ich mit Gefühlen anfangen, als sie wie Fische im Sande der Sprache zappeln und sterben zu lassen. Ich werde mit mir zu Ende sein, sobald ich mit Dichten fertig bin.* (14,21)

Diese frühen dramatischen Arbeiten sind keine herausragenden Texte, sie zeugen von der Jugendlichkeit ihres Verfassers. Aber sie gestalten die Identitätssuche als Dialog, spielen die Möglichkeiten durch, die sich jemand, dessen Schreiben die einzige Konstante in seinem beruflichen Dasein ist, so denken kann. Schriftsteller wird derjenige, der seinem Nachdenken eine Äußerungsform schaffen muss und der Sprache, die sich aufdrängt, die gelebt – also: geschrieben werden will.

«Fritz: I wet bald lieber niene meh si, als e so do si. Nüt als bösi Gsichter. Das isch es Ässe bim Tisch. Nume n'es Gklapper mit de Löffle u Gable u Mässer. Kes Wort. Nume sones schüchs Geflüschter, sones heimlichs Aschtoße, sones unterdrückts Lache. Mi darf z'Mul nit uftue, ohni müesse z'fürchte, der Aschtand z'verletze. Was nützt e sötige Aschtand? Der Paul, dä darf scho rede, dä darf sich alles erlaube. A däm isch alles schön, artig, rächt, nätt. Das isch der liebscht Bursch uf der Wält. I sött meine, nume n'är sig der Sohn vo sir Mueter, und d'Mueter heig kei zwöite Sohn näbe n'ihm. I cha nüt rächt mache, i mag mi uffüehre, wie n'i will. Guet, wenn sie's so wie ha, so sölle sie's. Es isch wohr, i bi verdammt trotzig u sur. Wenn nume n'öpper wüßte, wis i mir inne usgseht.»

Anfang des unveröffentlichten Manuskripts «Der Teich. Szenen», etwa 1900/1902

Aber Robert Walser versteht etwas vom Theater, er ist ja groß geworden damit. In Biel wurde, wenn auch in kleinem Rahmen, alles gespielt: «ein großstädtisches Theater im Taschenformat»[9]. 1894 gab man dort als «außerordentliche Sensationsnovität»[10] «Die Weber» von Gerhart Hauptmann. In Deutschland hatte man das Stück verboten. Robert Walser ist vertraut mit dem Ton der Bühne, er hat die verschiedenen Epochen ganz offensichtlich kennengelernt. Davon zeugt schon das Dramolett *Aschenbrödel*, das 1901 in der «Insel» erscheint. Es lässt den Theaterbesucher erkennen. Das Stück ist in vierhebigen Jamben verfasst, sehr geläufig und ungezwungen, die Sätze fügen sich ins Metrum mit einer Leichtigkeit, die bei einem Dreiundzwanzigjährigen überrascht. Mancher Vers misslingt dann freilich doch, ist ungewollt komisch, etwa im Liebesschwur des Prinzen: *Die Sehnsucht geht mir schwellend auf.* (14,65)

Es ist also ein Märchen in Versen, ein ironisches Stück – als Reminiszenz an die Romantik. Die Bilder sind konventionell: *Rührt sie auch nicht der heitre Strahl, / so blendet einen Augenblick / er ihre bösen Herzen doch.* (14,30) Oder: *Zur Zierde wird sie unserem Stamm; / dein Alter wird sie süß erfreun. / O jage nicht den Sonnenschein / weg von des weißen Hauptes Schnee!* (14,44) Gelegentlich finden sich komische, ungelenke Metaphern: *Mach' ich auch eine Miene wie / ein Stier, gleich auf die Hörner werd' / ich dich nicht nehmen.* (14,44)

Aber der junge Autor will eigentlich keine artigen Verse machen, sondern etwas Neues ausprobieren. Er lässt das Märchen selbst auftreten, verwischt damit nachdrücklich die Grenze zwischen Fiktion und Realität. Schon der Prinz in *Aschenbrödel* tritt auf wie eine Figur von E. T. A. Hoffmann: *Ich weiß nicht, wie ich da hinein / ins Märchen kam […]. Wie ist mir? Ach, dort unten geht / erst recht ein holdes Leben los. / Ich will es nehmen, wie es ist, / wenn ich es auch nicht fassen kann.* (14,39) Es ist ein – freilich leicht durchschaubares – Verwirrspiel. Wie die Gestalt Märchen auftritt und sich Aschenbrödel zu erkennen gibt, ist der letzte Zweifel zerstreut: Hier gilt es, eine Form zu erfüllen. Doch die Heldin will das Dasein als Prinzessin nicht. Was der Prinz ihr als Leben schildert, hat keinen Reiz für sie. Emanzipatorisches Pathos wird schließ-

lich bemüht: *Ich bin nicht dir, / ich bin mir selber noch verlobt.*
(14,70) Was dann folgt, ist die Verteidigung des Dienens,
nicht aus Demut, sondern als Widerstand gegen die Vorstellung der passiven Gebieterin. *Ich liebe sie, die mich so hart / und
streng behandeln. [...] Dies gibt mir / unendliche Genugtuung, /
füllt doch den langen Tag mir aus, / gibt mir zu springen und zu
sehn, / zu denken, träumen. Und das bin / von Grund ich, eine
Träumerin.* (14,71)

Das Dramolett *Aschenbrödel* liefert den ersten Schlüssel
zum Verständnis dessen, was Walser in seinen Texten so
hartnäckig als das Glück des Dienens verteidigt. Das Dienen ist die Bedingung des Träumens, des Denkens – mithin
des Wünschens. Das Dasein der Prinzessin dagegen ist ein
Angekommensein ohne Perspektive. Robert Walser wendet
das Märchen nicht gänzlich in sein Gegenteil, verrät aber etwas von der Dialektik des Happy Ends. Und das Stück lässt
eine Irritation zurück. Als ‹Dieneridee› wird sie seine Leser
und Interpreten jahrzehntelang beschäftigen. Aschenbrödel wird in der letzten Sequenz *im reichen Kleid oben auf der
Galerie* erscheinen, zur Freude des Prinzen: *Ah, bist du da?* Alles scheint gut. Nur die Antwort passt nicht. *Zu dienen, Herr,*
sagt Aschenbrödel darauf, und: *Ja, ja.* (14,73)

Robert Walser weiß, was Literaturgeschichte ist. Alte Geschichten kehren wieder in neuem Gewand. *Schneewittchen* (1901) ist ein weiteres Beispiel. Auch dieses Stück
macht Spaß, wie es die Moral des Volksmärchens auf den
Kopf stellt. Die Jamben kommen wieder ganz leicht daher,
verraten zudem viel Fleiß und Arbeit. Walser hat seine vier
frühen Dramolette, außer *Aschenbrödel* und *Schneewittchen*
noch *Die Knaben* und *Dichter*, 1899 geschrieben. Da lebte
und arbeitete er (bis vermutlich zum Herbst) in Thun, in
verschiedenen Anstellungen. Er schrieb also am Feierabend.
Der Stoff ist noch nicht autobiographisch. Gerade die Mär-

chen-Stücke verraten eine Lust am Variieren, die Freude am Komischen.

Walsers Prinzen sind keine Helden. Der (nahezu) stumme, aber entschlossen handelnde Prinz des Märchens ergeht sich in Walsers Stück in langatmigen Liebesschwüren. Für Schneewittchen ist das zu viel: *Ihr sprecht ja wie ein Wasserfall/ vom Schweigen, und doch schweigt Ihr nicht.* (14,82) Es ist die Fortsetzung des bekannten Märchens, die hier erneut die vertrauten Muster verkehrt, durchschaubar macht. Denn wie der Prinz die Königin mit dem Jäger beim Liebesakt betrachtet, verwandelt sich beredte Liebe zur Prinzessin in unbezwingbare sinnliche Lust. *Sturm wütet über alles weg, / was Liebe hieß, noch heißen möcht', / doch nicht mehr heißt.* (14,85) Und das Märchen von Schneewittchen ist endgültig vorbei: *Schau, schau! Nun ich lebendig bin, / wirfst du mich wie die Tote weg! / Wie seltsam seid ihr Männer doch.* (14,86) Lust ist das Thema dieses Stücks, und Lust ist am Ende das einzige authentische Empfinden: Der Prinz lässt sich leiten vom Augenblick, und Schneewittchen sehnt sich zurück in die emotional aufgeräumte und sterile Welt der Zwerge. Der Jäger kennt Skrupel, kennt auch seine Pflicht und liebt die Königin als Diener. Die aber liebt und begehrt ohne Zwang, dafür mit Lust, sie ist der überzeugendste Charakter dieses kleinen Stücks. Authentisch ist sie in ihrer Kompromisslosigkeit. *Zur Hölle mit Verzeihn und mit / Geduld, Scham, Milde. Heda, Knecht!* (14,104) Schneewittchen aber wünscht sich ihre heile kleine Welt, und weil sie die nicht erleben kann, erdichtet sie sich eine andere. Sie zeiht das Märchen der Lüge und erzwingt so für alle Beteiligten einen versöhnlichen Schluss. Das fällt auf bei dem jungen Dichter Walser: Ihm ist die Moral der Märchen suspekt, die Moral der bürgerlichen Welt. Er negiert die Hierarchie der Werte, lässt die Sinnlichkeit der Königin gelten neben der Tugend der Prinzessin. Es ist ein Laisser-faire, das sich hier ausspricht, es ist ein Schreiben aus Respekt vor dem Menschen, dessen Sehnen und Leben bisweilen anderen als den vertrauten bürgerlichen Kategorien folgt.

Märchen haben Robert Walser auch in den darauffolgenden Jahren noch beschäftigt, *ein anderer Andersen* wollte er sein, schrieb er im Frühjahr 1904 an seine Schwester Fanny. *Wenn ich wieder einmal stellenlos sein darf, werde ich wieder glücklich und ein Dichter sein. Dann mache ich Märchen und mit den Märchen ein seltsam schönes Buch. Das Buch kommt heraus beim Märchenverlag, wie er heisst weiss ich noch nicht.* (B 24) Den Verlag, der die bereits geschriebenen Märchenstücke drucken sollte, gab es nicht nur in der Vorstellung. Bruno Cassirer druckte die vier frühen Dramolette 1919 in Berlin unter dem Titel «Komödie». Märchen hat Robert Walser nie geschrieben. Aber der Märchenton hat sich in seiner Prosa erhalten.

Der Dichter

Robert Walser scherte sich nicht viel um die Meinung anderer. Man behauptet es jedenfalls, und sein Leben ist reich an Beispielen, die diese Annahme zu bestätigen scheinen. Die Freiheit eines Lebens ist das noch nicht. Robert Walser war, als er zu dichten begann, in denselben Konventionen befangen wie andere auch. Er hat die Sätze aufgeschrieben, die man um 1900 über einen schriftstellernden Kaufmannssohn denken konnte. *Ich finde es übrigens beschämend für einen jungen Mann, Verse zu verfertigen. Das ist keine Arbeit, sondern nur ein Schlupfwinkel für Müßiggänger.* (9,80) Kaspar sagt das in dem Roman *Geschwister Tanner*, der 1907 erscheint. Da hat sich Robert Walser bereits als Autor etabliert, da kann er das Vorurteil reflektieren. Zehn Jahre zuvor musste er noch damit leben, trotzdem dichten.

Er ist gerade zwanzig Jahre alt geworden, als seine ersten Gedichte im «Sonntagsblatt des Bund» am 8. Mai 1898 erscheinen. Darunter Sehnsuchtsbilder ohne Sentimentalität – *Wie immer, Am Fenster, Vor Schlafengehen* – und ein Naturgedicht, wie für Kinder gereimt: *Ein Landschäftchen.* Sie sind von dem Wunsch geprägt, unkonventionell zu sein. Josef Viktor Widmann hat für den Druck der Texte gesorgt, er ist auch Walsers erster Rezensent. Er konstatiert «wirklich neue Töne» und «eine merkwürdige, fast schlafwandlerische Sicherheit, sich auf jenen äußersten Gränzen zu bewegen, wo man so leicht vom erhabenen Standpunkt in den Abgrund der Lächerlichkeit fällt» [11].

«Karriere» gehört zu den Wörtern, die sich bei der Beschreibung von Walsers Leben und Arbeiten von vornherein verbieten. Es scheint, als mache er alles ohne Ehrgeiz. Bedeutsamkeit muss im Blick auf das Schriftstellerleben Robert Walsers neu definiert werden. Dabei hatte Walser gute Bedingungen für den Start dessen, was eine «Karriere» hätte werden können. Franz Blei spielt eine entscheidende Rolle am Anfang der schriftstellerischen Existenz Walsers. Er war auf die Erstveröffentlichungen im «Sonntagsblatt des Bund» aufmerksam geworden. Durch Blei gelangt Walser in den Kreis der «Insel», wo weitere Arbeiten veröffentlicht werden. Außerdem ermöglicht der österreichische Kollege eine Mitwirkung Walsers an Zeitschriften wie «Der blaue Vogel» und «Die Opale». 1907 erscheint hier das 1897/98 entstandene Gedicht *Im Bureau*. Die Verse sind schon eher getragen vom Walser-Ton, von den harten Übergängen zu Pathos und Banalität, die jede Zustimmung verweigern, und sie setzen das Vorzeichen zu dem, was sich als «Dieneridee» in Walsers Werk erst noch entwickeln wird: *Ob ich dem blühenden Glück auch ferne, / ich bin dafür bescheiden gemacht.* (13,7) Als wäre die Bescheidenheit, das Dienersein eine wirkliche Alternative. Tatsächlich ist es ein besonderer Standort, der eine andere Perspektive ermöglicht.

Mit den Publikationen und den Publikationsorten öffnen sich Walser weitere Kreise etablierter Dichter. Im September 1901 reist er nach München. Er hat Kontakt mit den Redakteuren der Zeitschrift «Die Insel», außerdem mit Frank Wedekind, Alfred Kubin und Marcus Behmer; er ist zu Gast im Hause Franz Bleis. Es ist das ganze Spektrum gesellschaftlich etablierten Lebens, das die Mitarbeiter der «Insel» umgibt, man interessiert sich nicht bloß für Literatur, auch für Pferde und Polospiel, für Kunstsammlungen, fürs Theater. Doch Robert Walser scheint sich aus den gegebenen Möglichkeiten nicht viel zu machen. Er ist umgeben von dem

«Eindruck des Mysteriösen und der Freiheit» [12], das macht ihn gewiss attraktiv in der Szene. Aber er kann die gewonnenen Gesprächspartner nicht halten, «extreme Entgleisungen» [13] verhindern das. Unklug erscheint solches Verhalten, es sind die Etablierten, das etablierte Leben, vor dem er zurückzuschrecken scheint.

Walser verletzt die Regeln, wie er offenbar unmittelbaren Regungen folgt. Und tut es aber doch im Bewusstsein dieser Regeln, die er kannte, die ihm von aufmerksamen Eltern beigebracht worden sind. Und so ist die immer wieder nacherzählte, von Franz Blei überlieferte Anekdote von der jungen «englischen Governeß», der Walser ganz unvermittelt bei Gelegenheit eines «literarischen Abends» im Hause Blei auf unkonventionelle Weise Avancen machte, nicht zwingend allein die bezeichnende Geste des schweizerischen Naturburschen. Wie er, die Füße der jungen Dame bewundernd, einen in die Hand nimmt, scheint es eine Demonstration geradezu: So benehmen sich die Jungen Wilden, wenn sie die Gesellschaft, ihre Konventionen – mithin ihre als feindlich empfundene Struktur kritisieren wollen. Von Jakob Michael Reinhold Lenz, der Ende des 18. Jahrhunderts die Weimarer Gesellschaft trotz zunehmender Toleranz doch noch zu treffen wusste, sind ähnliche ‹Verstöße› überliefert. Der unerlaubte Besuch eines herzoglichen Maskenballs und seine Verehrung der Herzogin sind nur Beispiele dafür.

Die bürgerliche Gesellschaft zu Beginn des 20. Jahrhunderts ist freilich weniger verletzbar. Junge Wilde konnte man sich auch vor hundert Jahren schon leisten, Robert Walser hätte bleiben können in den literarischen Zirkeln Münchens. Aber er will es nicht. Er lebt seine Autonomie nicht als Geste des Widerstands. Sie ist eine Bedingung seines Daseins. «Shakespeare enfant» – wie einst Arthur Rimbaud wird jetzt Walser so genannt – ist ohnehin nur eine der

Rollen, die er spielt. Auffälligkeit ist jedenfalls nicht seine hervorstechende Eigenschaft. Eine Skizze von Robert Walser aus jener Münchener Zeit: «Ein großer schlanker junger Mann, in der äußeren Erscheinung, Kleidung etc. durchaus bürgerlich-ordentlich, und auch im ganzen Wesen und Gebaren ohne jede Spur von Extravaganz. Freundlich, ja verbindlich, zurückhaltend, bescheiden.» [14]

Die Bedingungen für einen Schriftsteller waren in München günstig. Aber die Sorge um den Gelderwerb blieb. Aus Täuffelen am Bielersee, wo er von Februar bis April 1902 bei seiner Schwester Lisa Walser lebte, schrieb er an Josef Viktor Widmann: *Ich komme zu wiederholtem Male aus Deutschland in die Schweiz mit der Erfahrung zurück, daß die Schriftstellerei mein Beruf nicht sein kann, aus dem einfachen Grund, weil ich mir damit mein Leben auf ruhige und redliche Art nicht würde verdienen können. Ich besitze zu wenig umfassende Bildung, um mir eine Stellung als Schriftsteller zu erobern.* (B 12 f.)

Robert Walser hatte in seinem Leben außerordentlich viele Stellungen. Nach seiner Banklehre arbeitete er als Büroangestellter bei verschiedenen Firmen, bei einem Verlag, einer Versicherungsgesellschaft. Er unternahm Versuche, Schauspieler zu werden, war immer wieder arbeitslos oder verdingte sich in der Züricher Schreibstube für Stellenlose. Er leistete seinen Dienst bei der Rekrutenschule in Bern und war schließlich recht unspezifisch «Gehilfe» bei einem Ingenieur. Versuchte sich wieder bei einer Bank, lernte schließlich Diener. Er war Sekretär einer Künstlervereinigung. Während des Ersten Weltkriegs leistete er an verschiedenen Orten Militärdienst und war schließlich noch Bibliothekar für einige Zeit. Einen Beruf brauchte er nicht. Er hatte ja schon immer geschrieben.

Seine Texte waren ihm wichtig. Die wollte er mitteilen. So korrespondierte Walser ausgiebig mit Rudolf von

Poellnitz, dem damaligen Leiter des Insel-Verlags, über den Druck seines ersten Buches, *Fritz Kochers Aufsätze*, das im Dezember 1904 erschien. Er hätte so gern auch schon die anderen Texte untergebracht. Im September 1904 fragt er nach dem Honorar, und: *Könnte man nicht auch mit dem Druck des zweiten Buches (Dramen) jetzt schon beginnen? Der Titel des zweiten Bandes soll heissen: «Das Aschenbrödel» und soll enthalten: Aschenbrödel, Knaben & Dichter & die kleinen Prosastücke unter dem Sammeltitel: «Prosa».* (B 34) Außerdem war er eigen mit seinen Texten. Ende Oktober 1904 schrieb er an den Verlag: *Ist nun eine nochmalige Textkorrektur im Neu-Satze nicht mehr erforderlich? Kann ich mich auf Fehlerlosigkeit bestimmt verlassen? In einem so kleinen Buche wären Druckfehler höchst unangenehm.* (B 36)

Fritz Kochers Aufsätze – ihr ‹Verfasser› weiß, was er schreiben soll: *Ich wiederhole noch einmal, ich will mich nie betrinken; will mich nicht auf das Essen freuen, denn das ist garstig; will beten und noch mehr arbeiten, denn mir scheint, das Arbeiten ist schon ein Beten; will fleißig sein und denen gehorchen, die es verdienen, daß man ihnen gehorcht. Eltern und Lehrer verdienen es ohne Frage. Dies ist mein Aufsatz.* (1,10) Es ist der Schluss des ersten Textes dieser Sammlung von Schulaufsätzen, die nach dem Tod ihres ‹Verfassers› ein ebenso fiktiver Herausgeber veröffentlicht hat. Und dieser hat eine Rezeptionsanweisung für die Texte gleich mitgeliefert: Es ist *der lustige und ernste Lacher* (1,7), der hier schreibt. Jemand, den man nicht ernst nehmen soll – oder erst recht. Die Texte breiten in ganz unterschiedlichen Kontexten eine neue Ästhetik, eine Antiästhetik, aus – in *Freithema* die Programmatik des Schreibens über keinen Inhalt: *Ich schreibe über alles gleich gern. Mich reizt nicht das Suchen eines bestimmten Stoffes, sondern das Aussuchen feiner, schöner Worte. [...] Das ‹Was› ist mir vollständig gleichgültig.* (1,24) An einer anderen Stelle (*Ein*

Maler) wird vom Malen gesagt, was besonders für das Dichten gilt: *Wie man malen muß, das kann man nur malen, nicht sagen.* (1,76)

Die Texte folgen nur scheinbar einer Ordnung, der Gestus des aufsatzschreibenden Schülers verliert sich allmählich, zunehmend ungeordnet scheinen die Themen und Gedanken. Den Rahmen bilden Ansichten eines Kindes von seiner Umgebung: der Schule, dem Wald, dem Vaterland. So situiert sich Fritz Kocher in seiner Umwelt. Und die Naivität, mit der er das tut, ist eine Spielart Walser'scher Ironie. Weniger subtil als in den späteren Texten werden die idyllisierenden Ansichten eines unausgebildeten Bewusstseins in ihr Gegenteil verkehrt, zu Einsichten schließlich: *Unsere Stadt hat viel Industrie, das kommt, weil sie Fabriken hat. Fabriken und ihre Umgebung sehen unschön aus. Da ist die Luft schwarz und dick, und ich begreife nicht, warum man sich mit so unsauberen Dingen abgeben kann. Ich bekümmer mich nicht, was in den Fabriken gemacht wird. Ich weiß nur, daß alle armen Leute in der Fabrik arbeiten, vielleicht zur Strafe, daß sie so arm sind.* Und übergangslos setzt Fritz Kocher seinen imaginierten Streifzug fort: *Wir haben hübsche Straßen, und überall blicken grüne Bäume zwischen den Häusern hervor.* (1,36) So schafft Walser hübsche Rahmen für hässliche Bilder.

Der Band *Fritz Kochers Aufsätze* ist wie die meisten Bücher des Autors von Karl Walser illustriert worden. Das war von Anfang an eine Konzession an den Markt – der Maler war weitaus bekannter als der Dichter. Aber es war auch eine fortdauernde Koalition des Denkens und Arbeitens zweier sehr vertrauter Menschen. Über eines der Bilder im Band, «Der Dichter», schrieb Kurt Tucholsky 1913: «Da sitzt ein elegisch angezogener Jüngling auf einem dünnen Stuhl am Fenster und sieht in den Regen, der aus vierzehn Strichen besteht. Draußen ist ein bißchen Garten, die Gardine

Karl Walser: Der Dichter.
Zeichnung aus «Fritz Kochers Aufsätze»

ist artig gemustert, und an der Wand hängt die Hälfte eines
ovalen Bildes. Das ist alles. – Und ich glaube, das ist ein Sinn-
bild von Robert Walser. Der Dichter, in das Wetter starrend,
den Kopf schwer aufgestützt: das ist ein Klischee. Darunter
die Ironie: etsch! so ist es ja gar nicht. Darunter: sondern ich
werde euch einmal zeigen, wie es ist.»[15]

Romancier in Berlin

In einem bemerkenswerten Arbeitspensum, innerhalb von bloß drei Jahren schafft Robert Walser das Romanwerk, das ihn berühmt macht: *Geschwister Tanner* (1907), *Der Gehülfe* (1908) und *Jakob von Gunten* (1909). Die drei in Berlin entstandenen Romane konstituieren eine Trilogie. Sie zitieren vertraute Identitätsbilder, bieten andere Entwürfe – und setzen sich dabei vor allem kritisch auseinander mit der Kategorie der Identität. Das ironische Spiel mit der bürgerlichen Idee vom unverwechselbaren Selbst des Menschen wird am deutlichsten im letzten Teil der Trias, in *Jakob von Gunten*.

Im März 1905 ist Robert Walser nach Berlin, wo er bereits im Januar 1902 einmal gewesen war, zurückgekehrt, diesmal – von einigen Unterbrechungen abgesehen – für mehrere Jahre. Die deutsche Hauptstadt scheint der geeignete Ort für einen freien Schriftsteller. Und die angesehene Stellung seines Bruders ermöglicht neue Kontakte. Der Maler Karl Walser hat sich mit Theaterdekorationen, die er für Max Reinhardt gestaltete, bereits einen Namen in der Szene gemacht. 1902 hatte der Künstler seine Bilder in der 1898 gegründeten Berliner Sezession ausgestellt. Mit dessen Gründer, Max Liebermann, ist er befreundet. Große Erfolge hat er auch als Buchillustrator, er arbeitet unter anderem für Samuel Fischer und Bruno Cassirer. Dieser wird Robert Walser zu seinem ersten Roman animieren.

Die Welt der Berliner Boheme löst bei dem Schweizer Autor unmittelbar Abwehrmechanismen aus. Bereits im Sommer zieht es ihn erneut für kurze Zeit in die Schweiz zurück. Er ist sich der besonderen Möglichkeiten für eine

Dienerschule in Berlin

Existenz als Schriftsteller in Berlin durchaus bewusst und scheint doch die Bedingungen hierfür nicht akzeptieren zu können. Er besucht eine Dienerschule. Er zieht sich die Livree an, als stünde er doch lieber hinter dem Platz, auf dem sein Bruder es sich längst bequem gemacht hat. Die Uniformierung freilich ist auch ein Schutz, er bewegt sich nach erlernbaren Regeln, die geben Sicherheit. In München hatte er einst die Erfahrung gemacht, wie kompliziert der Umgang mit Menschen sein kann. Robert Walser war im Unterschied zu seinem Bruder nicht willens, vielleicht auch nicht fähig, sich der Gesellschaft anzupassen. In einem der zahlreichen Gespräche mit seinem letzten Weggefährten Carl Seelig, die dieser gesammelt und überliefert hat, wird er später sagen, er habe *zuwenig gesellschaftlichen Instinkt besessen*, er habe *der Gesellschaft zuliebe zu wenig geschauspielert*. Es klingt wie Gesellschaftskritik, ist aber der distanzierte und mitleidlose Blick auf das Selbst: *Ich ließ mich zu meinem persönlichen Plaisir gar zuviel gehen. Ja, es ist wahr, ich hatte Anlagen, eine Art Stromer zu werden und wehrte mich dagegen kaum.* (S 42)

Die letzten Monate des Jahres 1905 verbringt er als Diener auf Schloss Dambrau (heute Dabrowa Niemodlinska) in Oberschlesien. Das Inkognito ist ihm wichtig. Jedenfalls schreibt er von dort am 8. Oktober 1905 an den Insel-Verlag: *Bitte schreiben Sie mir hierher, wo ich bis 1. Januar bleibe, mit nur Briefumschlägen ohne Firmadruck.* (B 41) Der getarnte Schriftsteller, ein Topos der neuesten Literatur, nicht aber schon der frühen Moderne. Die Möglichkeiten und Perspektiven dieser Rolle hat Walser in mehreren Prosastücken reflektiert. Das Unzeitgemäße hochherrschaftlichen Lebens hat er in der Erzählung *Tobold* dargestellt, ohne sozialkritischen Gestus, sondern wie ein Märchen von Tausendundeiner Nacht: *Alle Gemächer waren etwas wie Zaubergemächer, der Park war ein Zauberpark und ich selbst erschien mir mit meinem leisen, vorsichtigen und behutsamen Lampenlicht wie Aladin mit der Zauber- oder Wunderlampe, der eines Abends die große breite, mit orientalischen Prachtteppichen belegte Palasttreppe hinaufspringt.* (5,236) Der gesellschaftskritischere Ton findet sich in der *Studie über den Adel*, aber es ist eher noch die einer bürgerlichen Moral entspringende Attitüde, die hier weniger reproduziert als vielmehr ausgestellt wird: *Statt in der Hauptstadt auf unlauterer Grundlage den zweifelhaften oder halbverzweifelten Lebemenschen zu spielen, [...] lebe ich lieber hier auf Schloß D... als Diener des Grafen K..., bin arbeitsam, energisch und tätig, verdiene durch tägliche, ebenso beschwerliche wie ehrliche Arbeit mein tägliches Brot und lerne nebenbei auch noch den Adel und seine Sitten bestens kennen, die kennenzulernen für die meisten Menschen wenn nicht geradezu unmöglich so doch wenigstens ganz bestimmt ziemlich schwierig ist, weil der Adel auf*

Robert Walser unmittelbar vor dem Antritt seiner
Dienerstelle auf Schloss Dambrau, Herbst 1905

Burgen haust und in unnahbaren, uneinnehmbaren Schlössern
sitzt, wo er befiehlt, herrscht und residiert wie ein Gott oder zum
mindesten wie ein Halbgott! (5,238 f.) Der Schweizer weiß,
dass inzwischen, im beginnenden 20. Jahrhundert, auch in
Deutschland der ‹Klassenfeind› schon längst nicht mehr in
Schlössern herrscht.

Im Februar 1906 schreibt Robert Walser eine Postkarte an den Insel-Verlag, bietet einen Roman zur Prüfung an. Aber die Flüchtigkeit der Nachfrage, in knappen Sätzen nur, zeigt bereits, dass der Wechsel in der Leitung des Verlags (Rudolf von Poellnitz war 1905 gestorben) für Walser das Schwinden der Hoffnung auf weitere Zusammenarbeit bedeutete. Seinen ersten Roman verfasst Robert Walser in nur sechs Wochen. «‹Geschwister Tanner› [...] schildert die Grundbeziehungen zwischen den Mitgliedern der Familie Walser ohne Zweifel so, wie Robert Walser sie erlebt hat.»[16] Aus dieser Perspektive ist man tatsächlich schnell fertig mit dem Roman. Der Biographismus unterstellt zwar ein Interesse an Leuten, verhindert aber die Neugier auf Texte. Simon Tanner muss genauso wenig interessieren wie Robert Walser. Aber jener lässt sich als Modell begreifen und ermöglicht die Freiheit der Entscheidung darüber, wie stimmig ein solches Modell die Wirklichkeit spiegelt, nicht bloß die private. Diese interessiert vielleicht, jene gewiss.

Wer könnte dem Autor Walser eher als Muster gedient haben für seinen ersten Roman als die Menschen seiner Umgebung, die Geschwister zum Beispiel, die ihm viel bedeuteten? Und es war ihm zeitlebens unangenehm, dass man sie ‹identifizieren› konnte. Die Geschwister Tanner sind so plakativ gezeichnet, dass man sofort erkennt, wie hier allgemeine Lebensentwürfe, Identitätsmodelle wie in einer soziologischen Studie über die Moderne ausgestellt sind. So lebt ja keiner. Oder jeder. Es sind keine Individuen, die hier agieren, keine Figuren in Lebensgeschichten. Es sind Abstrakta, Vertreter einer je anderen Vorstellung von bürgerlichem Leben. Und alle sind sie zum Scheitern verurteilt.

Geradezu eilig arbeitet sich Robert Walser ab an einer Gattung, die zu Beginn des 20. Jahrhunderts verdächtig geworden ist. Diese «bürgerlichen Ausdeutungen der Le-

Robert Walser in seinen ersten Berliner Jahren

bensvorgänge»[17] wollte man nicht mehr. Hegel konnte über den Roman, die «moderne b ü r g e r l i c h e Epopöe»[18], noch schreiben, dass sie «Lehrjahre» erzähle, «die Erziehung des Individuums an der vorhandenen Wirklichkeit».[19] Als Robert Walser seine Berliner Romane schreibt, gibt es bereits die modernen Epen, die ein desillusioniertes Bild solcher Entwicklungsfähigkeit zeichnen. Woldemar von Stechlin in Theodor Fontanes letztem Roman ist bereits einer jener Helden der Moderne, die gar keine Auseinandersetzung mit der Gesellschaft mehr führen, ist derjenige, der «oft bestimmbar» ist und «auch nicht geistig bedeutend genug, um sich […] wehren zu können».[20] Und Thomas Buddenbrook versteht die sich wandelnde Gesellschaft nicht und ist deshalb der Verlierer. Die für die Romanpoetologie so zentralen Kategorien wie «Individuum» und «Identität» ändern ihre Semantik im geschichtlichen Prozess. Seit dem Wandel der Ständegesellschaft zur funktional differenzierten Gesellschaft lässt sich Identität nicht mehr über Inklusion, die gesellschaftliche Zugehörigkeit, herstellen.[21] Identität wird zu einer privaten Aufgabe. Um 1900 zerfallen die letzten «Relikte der alten Inklusionsidentität» und «lösen so eine Krise der individuellen Handlungsregulierung aus».[22] Robert Walser erzählt das in seinem ersten Roman.

Klaus Tanner, der etablierte Arzt, repräsentiert noch am ehesten das Identitätsmodell des 19. Jahrhunderts. Der Abschnitt über sein Leben wird daher noch weitgehend konventionell erzählt, auktorial, aber bereits provokant gebrochen durch die Ironie, die sich bei der Vorstellung des verinnerlichten Pflichtgedankens zeigt. Doktor Klaus *war ein guter, stiller, pflichttreuer Mensch, der gar zu gern gesehen hätte, wenn seine Brüder so wie er, der Älteste, im Leben einen festen, achtunggebietenden Boden unter die Füße bekommen hätten.* Das ist das Bild, die Vorstellung von gelingender bürgerlicher Existenz. Und das ist ihre Karikatur: *Doktor Klaus kannte tausende von kleinen und großen Pflichten, und es mochte bisweilen den Anschein tragen, als sehne er sich nach noch mehr Pflichten. Er war einer von den Menschen, die sich, aus Pflichterfüllungsbedürfnis, in ein ganzes, beinahe zusammenstürzendes Gebäude von lauter sauren Pflichten stürzen, aus Angst, es möchte vorkommen, daß ihnen eine geheime, wenig bemerkbare Pflicht davonliefe. Sie schaffen sich viele unruhige Stunden […] und glauben, schon etwas wie eine Pflicht erfüllt zu haben, wenn sie sich wegen deren dunklen Vorhandenseins ängstigen und beunruhigt fühlen.* (9,11) Bereits dieser erste Roman ist nahezu konsequent personal erzählt, wo die Perspektive sich ändert, erscheint sie als ironische Auktorialität. In einem frühen der zahlreichen inneren Monologe wird die Perspektive dieses Romans in ein Bild gebannt. *Ich erblicke nur nicht den Zusammenhang, weil ich zu sehr den Anblick erblicke.* (9,38) Es ist zugleich die programmatische Auskunft über das Schreiben Robert Walsers.

Der Anfang ist noch in der vertrauten Manier des vorausgegangenen Jahrhunderts gestaltet, aber auch hier sind die Brüche deutlich auszumachen. Wird der Protagonist noch eingeführt, als gelte es wieder einmal ein Leben panoramagleich auszubreiten, so ist der Verzicht auf die Kennzeichnung seiner Individualität doch schon die unmissverständliche Abweichung von vertrauten Formen. Es erscheint eher schon wie die Kennzeichnung dieses Versäumnisses denn als Wiedergutmachung, wenn erst nach mehreren Seiten, am Ende der Einleitung und auffällig lapidar, dann doch nachgetragen wird, was sonst an den Anfang gehört. *Damit war nun Simon Buchhandlungsgehilfe geworden. Simon, ja so hieß er nämlich.* (9,10)

Es ist Simon Tanner, der kleine Bruder, der jüngste, derjenige, dessen Zugehörigkeit zur bürgerlichen Gesellschaft sich bloß noch in unzähligen fehlschlagenden Versuchen erschöpft. Ihm schreibt der große Bruder, Ernst, die mahnenden Worte – ein Topos des Bildungsromans. So hatte Werner schon Wilhelm Meister geschrieben. *Harre aus, füge Dich drei oder vier kurze Jahre unter eine strenge Arbeit, folge Deinen Vorgesetzten, zeige, daß Du etwas leisten kannst, aber auch, daß Du Charakter besitzest, dann wird sich Dir eine Bahn eröffnen, die Dich durch die ganze bekannte Welt führt, wenn Du Lust zum Reisen hast.* (9,14) Unzählige Bahnen wird Simon betreten, die eine besondere gibt es nicht mehr. Simon repräsentiert keine schon vorgeprägte Form bürgerlichen Daseins, das gibt ihm das noch größtmögliche Maß an Identität. An die Stelle des Entwickelns und Bildens ist in *Geschwister Tanner* das Schwadronieren, das Suchen getreten. Die Struktur des Romans ist die Negation epischer Linearität. Die großen Romane der deutschen Moderne – Rilkes, Kafkas, Brochs, Musils etwa – tendieren dazu. Und lassen doch einen Handlungsverlauf erkennen. In Walsers Roman erscheinen die Abschnitte nahezu beliebig verteilt. Die episodische Struktur, so hat es die Walser-Forschung beschrieben, entspräche «dem alten Modell des Abenteuerromans»[23]. Doch die Etiketten passen nicht mehr.

Kaspar Tanner, der Künstler: als sollte noch einmal der emphatischste aller Identitätsentwürfe seit Goethe in dieser Figur auferstehen. Aber das Künstlerbild erschöpft sich in Klischees. *Der Maler war berauscht von der Schönheit und von der Musik der Nacht. Er phantasierte von Pferden, die durch nächtliche Gärten galoppierten, schöne, schlanke Reiterinnen tragend, deren Röcke am Boden mit den Hufen der Pferde spielten.* Klara ist noch beeindruckt von der *Ungebundenheit eines schönen Geistes* (9,72), Erwin, der glücklose Maler-Freund, aber *verwunderte* sich *täglich mehr, wie* Kaspar *nur so leicht und ziemlich frivol vor* sich *hinmalen konnte.* Kaspar betreibt die Kunst wie ein Handwerk, also auch als Geschäft (*fertige Bilder zu einem bescheidenen Preis*), und spricht von seiner Arbeit wie vom ‹richtigen Leben›. *Er [Erwin] wünschte, ich möchte meine Kunst mit mehr Ernst betreiben, ich antwortete, daß es bei der Kunstausübung nur des Fleißes, des fröhlichen Eifers und der Naturbeobachtung bedürfe, um zu etwas zu kommen, und machte ihn auf den Schaden aufmerksam, den der übertriebene, heilige Ernst um eine Sache der Sache antun könne und müsse.* (9,52) Erwin aber krankt an *der Ausschweifung seines Kunstsehnens* (9,53), scheitert zuletzt. In der Spiegelung des glücklosen Malers Erwin erhält das Modell ‹Kaspar› sein Korrektiv.

Geschwister Tanner erscheint als der zitatreichste Roman der Trilogie. Der Text arbeitet sich ab an den alten Mustern bürgerlicher Romantradition. Daraus ergibt sich eine Be-

Karl Walser: Umschlag
zu Robert Walsers Roman
«Geschwister Tanner»,
1907

standsaufnahme, ein präziser Blick auf eine anders gewor-
dene Kultur zu Beginn des 20. Jahrhunderts. Die Offensicht-
lichkeit des Zitats produziert Komik, der Umgang mit ihm
zeugt von einer sensiblen Wahrnehmung des Zeitgefühls.
Noch einmal Klaus, der große Bruder, und wieder bemüht
er die Vergangenheit: *Nun fing [...] Klaus an, von der Kunst des
Bruders zu sprechen und ermunterte ihn, doch einmal nach Italien
zu gehen, um da die gehörige Reife als Künstler zu erlangen.* Und
dazu erscheint die Gegenwart des Romans, das Jahr 1906,
ganz ungeschminkt in des Bruders Entgegnung: *Lieber will
ich gleich vom Teufel geholt werden! Nach Italien! Warum nach
Italien? [...] Sind in Italien die Schönheiten schöner als hier? [...]
Ich könnte jedes Mal außer mir geraten, wenn man mir zumutet,
die Absicht zu haben, in Italien ein besserer Künstler zu werden.*

[...] Kommen die Italiener zu uns, wenn sie malen oder dichten wollen? [...] Ich könnte zornig werden und aus der Haut fahren bei dieser Italienraserei, die etwas seltsam Beschämendes für uns ist.
(9,76) Schon einmal war in der deutschsprachigen Roman-literatur der Italien-Topos mit nationalen Ressentiments verbunden gewesen: 1826, in Joseph von Eichendorffs Er-zählung «Aus dem Leben eines Taugenichts». Aber da waren die politischen Vorzeichen andere, da war die Vorstellung von Nationalität auch die einer neuen, vor allem freieren politischen Ordnung in einem in autoritären Strukturen er-starrten, zum Teil noch immer in spätabsolutistisch regier-ten Kleinstaaten zergliederten Deutschen Reich. 1906 dage-gen ist jeder Ausdruck von nationalem Chauvinismus das Vorzeichen einer historischen Katastrophe. Das Gespräch zwischen Ernst und Kaspar – schon die Namen sind Abzei-chen ihres Programms – ist nicht die Erinnerung an fami-liäres Geplauder in einer schweizerischen Kleinstadt- oder Berliner Atelierswohnung. Es ist der Diskurs der Moderne, einer widersprüchlichen Moderne.

Der Roman wurde ein Erfolg, das erste Tausend der Auflage war in kurzer Zeit verkauft. Christian Morgenstern, Lektor bei Bruno Cassirer, war in Ber-lin Robert Walsers wichtigster Fürsprecher. An den Verlags-chef schrieb Morgenstern über die erste Hälfte des Romans, er habe «selten etwas in seiner Art

Hermann Voelkerling:
Christian Morgenstern. 1906,
Ölgemälde

so Schönes gelesen» und ver-
glichen etwa mit Hermann Hesses Roman «Peter Camenzind»
sei *Geschwister Tanner* der «be-
deutendere».[24] Dieses Urteil
war wichtig, denn Hermann
Hesse hatte zu Beginn des
20. Jahrhunderts mit seinen
Romanen bei den Zeitgenossen
Maßstäbe gesetzt. Das zeigen
auch die Erinnerungen Robert
Walsers, der mehr als dreißig
Jahre später erzählt: *Ich hätte ein
wenig Liebe und Trauer, ein wenig
Ernst und Beifall in meine Bücher
mischen sollen – auch ein wenig*

Max Slevogt:
Bruno Cassirer. 1911,
Öl auf Holz

*Edelromantik, wie es Hermann Hesse im ‹Peter Camenzind› und
im ‹Knulp› getan hat. Sogar mein Bruder Kari hat mir das gelegentlich auf zarten Umwegen vorgehalten.* (S 43) Als sein *Ver-
hängnis* bezeichnet er Carl Seelig gegenüber diesen Vergleich.
Für seine Kritiker habe es nur ein *Entweder-Oder* gegeben:
*«Entweder du schreibst wie Hesse oder du bist und bleibst ein Ver-
sager.»* (S 15) Die Bitterkeit, die sich in solche Erinnerungen
mischt, ist aus den unmittelbaren Zeitumständen der dreißiger und vierziger Jahre erklärlich. Denn da war die große
Zeit Hesses erst gekommen, während Walser das Schreiben
schon lange aufgegeben hatte. In jenen Berliner Jahren freilich waren die Vorzeichen andere.

Robert Walser war angekommen in der Szene, man sah
nun auch in ihm einen Repräsentanten der neuen Kunst. Jedenfalls wurde er durch die Fürsprache Max Liebermanns
von Paul Cassirer als Sekretär der Berliner Sezession ange-
stellt. Aber diese Rolle war nur ein Gastspiel im Frühjahr

Robert (links) und
Karl Walser in Berlin,
1907

1907. Es war wieder eine Anstellung, die nicht zu ihm pass-
te – wie das Leben in Berlin überhaupt. An seine Schwester Fanny schrieb er im Juli 1908 lapidar: *Die Sekretärstelle
hat dieses Jahr ein Anderer, ein viel eleganterer Kerl als ich bin.*
(B 54)

In Berliner Künstlerkreisen benehmen sich die Brüder
bisweilen gemeinsam daneben, bedienen das Klischee vom
ungehobelten Naturburschen. In den Erinnerungen Tilla
Durieux', die in zweiter Ehe mit Paul Cassirer verheiratet
war, steht: «Im Jahre 1907, als Wedekind noch in Berlin war,
bevor er nach München übersiedelte, erlebte ich ein tragiko-
misches Weihnachtsfest mit ihm. In meine kleine Bude hatte ich Wedekind, den Bildhauer Nikolaus Friedrich, Kles genannt, Tilly Wedekind und die beiden riesenlangen Brüder
Walser eingeladen. Paul sorgte für Getränke, und so war es
gegen Mitternacht schon recht munter geworden. Der Maler Karl Walser sah wie eine Sonnenblume aus, mit seinem
flachen, breiten, von blondem Haar umrahmten Gesicht. Er

vertrug viel, aber, wenn es zuviel wurde, verübte er mit lä-
chelnd sturer Miene ganz still die tollsten Dinge, sekundiert
von seinem Bruder Robert, dem Schriftsteller. Plötzlich kam
Karl Walser an diesem Abend auf die Idee, mit Wedekind,
seinem halben Landsmann, ‹Hoselupfe› zu probieren. Das
ist ein Schweizer Ringen, bei dem sich die Burschen am Ho-
senbund packen und versuchen, den Gegner auf die Erde
zu werfen. Abgesehen davon, daß Wedekind keineswegs
sportlich veranlagt war, betrachtete er diese Aufforderung
als Entwürdigung und Hohn. Er lehnte schroff ab. Kles aber
fand die Idee köstlich und ließ nicht ab, zu diesem Ringen
zuzureden. Daraufhin wurde die Stimmung so drohend, daß
Wedekind abrupt aufstand und mit ‹Tilly, komm, wir gehen›, die Wohnung verließ.» [25] Am selben Abend, bei einer
zweiten Begegnung im Café Austria, stieß die verstörte Gesellschaft noch einmal auf die Brüder Walser, und Wedekind, erneut flüchtend, musste sich nach den Erinnerungen
Durieux' von beiden als «Schafskopf» [26] betiteln lassen. Es

war ein zweifelhafter Spaß, wohl auch das Unverständnis der beiden Schweizer für das Benehmen Wedekinds, gewiss aber keine Abneigung dem Dichter gegenüber. Noch zu Beginn des Jahres hatte Robert Walser in einem Brief an Morgenstern seine Verehrung für Wedekind zum Ausdruck gebracht; er muss ihm gut bekannt gewesen sein, hatte doch Karl Walser für Reinhardts Inszenierung von «Frühlings Erwachen» 1906 die Bühnenbilder geschaffen.

Es sind zwei verschiedene Kulturen, die sich hier begegnen. Karl Walser wird sich anpassen an die großstädtische Künstlerszene, Robert Walser bleibt sie fremd. Er hat auch Schwierigkeiten mit dem Erfolg der anderen, mit ihrer Eitelkeit: *Ich könnte irgendwo leben ganz gering, und wollte nur ab und zu mal Fühlung haben mit dem Höheren und Vortrefflichen. Diese Dichter, wie gemein sie sich alle in diesen Publikumserfolgen wohl fühlen. Diese Wedekinds!* (B 50) Gewiss war auch Neid dabei. Zu dem ihm durchaus wohlgesinnten Hugo von Hofmannsthal soll Walser gesagt haben: *Könnten Sie nicht ein wenig vergessen, berühmt zu sein?*[27] Nein, Berlin war und blieb die Stadt der anderen. Vertraut schreibt Walser nur von den Tieren, die er in Karls Abwesenheit betreut. Von der Katze Muschi, *dick und klug,* und von Lola, dem Hund, der *Diät halten* muss. Die Menschen, zwischen denen er sich bewegt, beschreibt er immer wieder nur aus der Distanz: *Es gibt hier blutwenig honorige Menschen. Aber es gibt Modesucht, und der Künstler muß suchen, diese Sucht zu befriedigen.* (B 54)

Im Frühjahr 1908 erscheint der Roman, der zum größten Verkaufserfolg von allen Werken Walsers werden sollte: *Der Gehülfe.* Der autobiographische Bezug dieses Textes ist unverkennbar, von Ende Juli bis Dezember 1903 hatte Walser als Gehilfe des Ingenieurs Carl Dubler in Wädenswil am Zürichsee gearbeitet. Züge dieses typischen Gründerzeit-Karrie-

Karl Walser: Umschlag
zu Robert Walsers Roman
«Der Gehülfe», 1908

risten trägt zweifellos auch die Romanfigur Tobler, Erfinder
mechanischer Geräte, die niemand braucht. Der Gehülfe
Joseph Marti ist die wohl bekannteste Diener-Figur in Walsers Werk geworden und erhält ihre besondere Bedeutung
hier durch ihren Rang des Zeugen – Zeitzeugen – des Nieder-
gangs bürgerlicher Selbstgewissheit. Aber die gesellschafts-
kritische Handlung erweist sich als Nebenschauplatz in der
besonderen Konstruktion dieses Romans.

Ist es in *Geschwister Tanner* vor allem das Spiel mit der
Erzählperspektive, das den Roman als Paradigma der Moderne auszeichnet, so ist *Der Gehülfe* modern, wie er der Handlung einen nachgeordneten Rang zuweist. Den zeitgenössischen Rezensenten fiel das auf, «fast vierhundert Seiten
mit viel Poesie und Beobachtung im Detail, und als Ganzes
ohne Inhalt»[28]. Zwei Jahre später kann man in einem ande-

ren Roman, der für den Beginn der Moderne stehen wird, in Rilkes «Aufzeichnungen des Malte Laurids Brigge» (1910), über das Ende der ‹bürgerlichen Ära› dieser Gattung lesen: «Daß man erzählte, wirklich erzählte, das muß vor meiner Zeit gewesen sein.» [29] In Walsers Roman interessieren nicht das Geschehen, sondern die Wahrnehmung von Welt, die Vergewisserungen eines Ichs, das in der Ereignisstruktur von Wirklichkeit keinen Ort hat.

Ereignishaftigkeit von Welt und Entwicklung des Individuums: Beide Konstituenten des bürgerlichen Romans gehen in den Texten von Robert Walser verloren. Dass ihn «eine Erfahrung reicher gemacht» hätte, ist bloß der Jargon, mit dem das Scheitern gutgeredet werden kann. Dem Betroffenen nützt das nichts. Joseph Marti wird das Haus der Familie Tobler genauso verlassen, wie er es etwa ein Jahr zuvor betreten hat. Und die Suche nach Spuren, die weiter zurückreichten und dann doch eine Entwicklung gezeigt hätten, scheitert ausdrücklich: Josephs Versuch, seine *Memoiren* zu schreiben, negiert jegliche Bedeutsamkeit seiner selbst. Dieser Versuch dekuvriert sogar noch die Vorstellung, eine Autobiographie wäre denkbar, wo sich die Form für solche Erinnerungen als Häufung leerer Formeln erweist. *Die Verhältnisse, in denen ein Kind aufwächst, erziehen dasselbe großenteils. Die ganze Gegend und Gemeinde helfen mit, es zu erziehen. Das elterliche Wort und Schule sind freilich die Hauptsache* – die Phrase wird zum ironischen Spiel mit den Erwartungen des Lesers, und ganz lapidar wird es enden –, *aber was ist das für eine Art und Weise, mich hier mit meiner eigenen, werten Person zu befassen, ich gehe lieber baden. – Der zum Tagebuchschreiben so wenig taugliche Gehülfe legte die Feder beiseite, zerriß das Geschriebene und verließ das Zimmer.* (10,93 f.) Joseph Marti unternimmt noch einen zweiten Versuch, sich schreibend mitzuteilen, und wieder landet das Ergebnis im Papierkorb.

(10,186) «Biographisches Schreiben» ist ein Thema in Robert Walsers Texten. Die Mitteilbarkeit des Lebens war ihm, dem scheinbar obsessiven Autobiographen, schwer vorstellbar.

Selbst an den wenigen Stellen, wo der Verlauf der Handlung geradezu Spannung produziert, da, wo der *Gehülfe* sich zur Wehr setzt gegen selbsterfahrenes oder beobachtetes Unrecht, wird solcher Widerstand beinahe unmittelbar wieder zurückgenommen. Da wehrt sich der Angestellte beredt gegen die Misshandlungen der kleinen Silvi und muss dann geradezu Abbitte leisten, um die herrschenden Verhältnisse nicht etwa aus dem Gleichgewicht zu bringen.

Die desillusionierende Ergebnislosigkeit des Romans *Der Gehülfe* wird noch einmal gesteigert im letzten Teil von Walsers ‹Trilogie›, wenn am Schluss des *Jakob von Gunten*, jegliche Aufklärung negierend, der Rückschritt zum Programm erhoben wird. Innerhalb der Trilogie ist der letzte der Berliner Romane der reflektierteste. Und er ist politischer als die anderen.

Berlin zu Beginn des 20. Jahrhunderts: Walser bewegt sich im kulturellen, geistigen, vor allem aber politischen Zentrum Deutschlands. Hier erfährt er am unmittelbarsten, wie sehr das Großsein zu einem signifikanten Kennzeichen der Moderne geworden ist. Das Großmachtstreben des Deutschen Kaiserreichs, der Militarismus, der Imperialismus, sind spürbar – an jeder Straßenecke, die eines der unzähligen Standbilder aufweist. Von 1900 bis 1903 «wurde der Platz westlich des Brandenburger Tors mit Denkmälern für Kaiser Friedrich III. und die Kaiserin Viktoria im Sinne eines geschlossenen dynastisch-hohenzollerschen Denkmalsprogramms umgestaltet»[30]. Und Wilhelm I. allenthalben, daneben sehr verbreitet Bismarck-Denkmäler. «Berliner Denkmalstopographie» steht im ganzen Reich «unangefochten an der Spitze».[31] Es muss ein ungewohnter Anblick sein für den Fremden aus der Schweiz. In den intellektuellen Zirkeln spricht man über Friedrich Nietzsche, «Machtphilosophie» ist ein zentraler Begriff. Und Charles Darwin ist noch immer populär, seine 1859 veröffentlichte Evolutionstheorie wird in einer vergröbernden Rezeption die Politik des 20. Jahrhunderts prägen. Größe ist eine allgemeine Stimmung, auch eine abstrakte Idee, eine Hoffnung vor allem.

In dieser Atmosphäre des Monumentalen entwickelt Walser seine Vorstellung vom Kleinsein. Und lebt auch so. Die Ironie ist unverkennbar: «Dienen als verborgenes Herrschen, als eine Art umgestülpter Aristokratismus»[32]. Der Diener ist zum Topos in Walsers Werk geworden, erklärt wird er am genauesten im *Räuber*-Roman (1925): *Denn sobald jemand Miene macht, mir gegenüber sich zum Meisterlein zu erheben, fängt etwas in mir an zu lachen, zu spotten, und dann ist es natürlich mit dem Respekt vorbei, und im anscheinend Minderwertigen entsteht der Überlegene, den ich nicht aus mir ausstoße, wenn er sich in mir meldet.* (12,144) Im bewusstseinsgeschichtlichen Kontext der Jahrhundertwende hat die Dieneridee auch eine philosophische Dimension, ist lesbar als Gegenformel zu Nietzsches Machtphilosophie. «Willen zur Ohnmacht» hat bereits Dieter Borchmeyer die «Lebenstendenz» bezeichnet, wie sie im *Jakob von Gunten* beschrieben sei.[33] Vor dem Horizont der allseits beschworenen «Identitätskrise» und dem beklagten «Tod des Subjekts» werden mit den Außenseitern neue Vorstellungen vom Ich geprägt. Nietzsche hat sich den Außenseiter oben gedacht, Walser ganz unten – gegen das gültige Zeitbild.

Handelten bereits *Geschwister Tanner* und *Der Gehülfe* vom Diener als Außenseiter, so ist das Dienertum in *Jakob von Gunten* nicht bloß Kennzeichen einer ganz eigenen Per-

«Jakob von Gunten» – ein Entwicklungsroman
Als Entwicklungsroman ist «Jakob von Gunten» in unmittelbarer Nähe
von Hermann Hesses Roman «Unterm Rad» (1904 / 06) und Robert Musils Erzählung «Die Verwirrungen des Zöglings Törleß» (1906) zu sehen.
Was die drei Texte miteinander verbindet, ist die kritische Auseinandersetzung mit dem Schulsystem des Wilhelminischen Kaiserreichs,
das den autoritätshörigen Untertanen erzieht. Thomas Mann hatte in
seinem Roman «Buddenbrooks» (1901) bereits mit Hanno Buddenbrook
den Verlierer in diesem System vorgezeichnet. In der ironischen Abrech-
nung mit dem Aufklärungs- und Entwicklungsgedanken am Ende des
Romans markiert «Jakob von Gunten» einen Höhepunkt in dieser Reihe.

spektive, sondern ein Medium, das gesellschaftliche Zusam-
menhänge transparent macht, den historischen Standort
des Menschen erklärt. Die Dienerschule als Modell des autoritären Staates, dessen Macht durch die dem Roman immanente Komik entmystifiziert wird. *Über der Türe [...] hängt
als Wandschmuck ein ziemlich langweilig aussehender Schutz-
mannssäbel mit dito quer darüber gelegtem Futteral. Darüber
thront der Helm. Diese Dekoration mutet wie eine Zeichnung oder
wie ein zierlicher Beweis der Vorschriften an, die hier gelten.* Und:
*Außer diesen Verzierungen hängen im Schulzimmer noch die Bil-
der des verstorbenen Kaiserpaares.* Hier werden die Insignien
der Autorität bereits der Vergangenheit zugeordnet, um deren Restauration – *alle vierzehn Tage werden Säbel und Helm
heruntergenommen, um geputzt zu werden* – man noch immer
angestrengt bemüht ist. (11,35) Die feierlichen Denkmals-
enthüllungen aber setzen sich fort. Die Folgen des so immer sichtbarer werdenden nationalen Größenwahns wird
Walser dann aus der Distanz erleben. Ein Jahr vor Ausbruch
des Ersten Weltkriegs wird er Deutschland verlassen.

Jakob von Gunten ist der abstrakteste Roman Walsers,
nirgendwo sonst arbeitet Walser so konsequent allegorisch.
Für die Biographen gab dieser Text noch nie viel her. Ungewöhnlich sind auch die vielen Anspielungen auf die Bibel;
sie erklären, im Zusammenhang gelesen, das Anliegen des

Romans. Als Joseph von Ägypten denkt sich Jakob von Gunten den Mitschüler Kraus – den Prototypen des richtigen Dieners. *Man bringt ihn zu einem schwerreichen, redlichen und feinen Mann. Da ist er nun Haussklave, aber er hat es ganz schön.* Bis die Hausherrin auf ihn aufmerksam wird: *Wie merkwürdig, daß man solche uralten Treppen- und Türensachen heute genau noch weiß, daß es in alle Zeiten, von Mund zu Mund, fortlebt.* Bekanntlich verweigert sich Joseph, und die verschmähte Hausherrin klagt ihn beim Ehemann an: *Aber weiter weiß ich nichts. Merkwürdig, ich weiß nicht, was jetzt Potiphar sagte und machte.* (11,78) Weil sich der treue Diener seinen Herrn gnädig, vor allem aber gerecht denken muss, wird hier nicht verraten, was ohnehin jeder weiß, dass sich im Zweifelsfall die Herrschenden doch gegen die Beherrschten verbünden. Und die Koketterie des Nichtwissens unterstreicht das historische Bewusstsein nur. An zentraler Position, in der Mitte des Romans, wird so die Ideologie vom glücklichen Diener zerstört.

Kraus ist ein echtes Gott-Werk, ein Nichts, ein Diener. (11,81) Der Wissbegierige ist es nicht, auch nicht der Widerständige: Der hat sich am Baum der Erkenntnis (des Guten und Bösen) die Gnade verscherzt. Was über Kraus geschrieben wird, wendet die Ironie in Zynismus. Der das schreibt, zweifelt an allem, was von außen Segen bringen soll: *Er hat nichts anderes im Sinn, als zu helfen, zu gehorchen und zu dienen, und das wird man gleich merken und wird ihn ausnutzen, und darin, daß man ihn ausnutzt, liegt eine so strahlende, von Güte und Helligkeit schimmernde, goldene, göttliche Gerechtigkeit.* (11,82) Kraus ist der Diener, der nicht gemeint ist, wenn es um Walsers Dieneridee geht.

Die Gartenmetaphorik zitiert die Genesis, es ist zugleich der Anspielungshorizont der Aufklärung. *In den wirklichen Garten zu gehen ist verboten*, in dem hauseigenen Lehrbuch findet Jakob dafür aber den Satz: *«Das gute Betragen ist ein blühender Garten.»* (11,83) Später erfährt man vom Reiz *verbotener Früchte*, und wenn Jakob gleich darauf notiert, dass jetzt vielleicht *zwischen Herrn Benjamenta und* ihm *etwas wie eine beiden Teilen sichtbare, verbotene Frucht* (11,105) schwebe, dann ist die Komplexität eines Verhältnisses angedeutet, dass sich nur noch vordergründig als dasjenige von Diener und Herr darstellen lässt. Jakob hat die verbotene Frucht noch nicht probiert, aber er sieht sie bereits.

Die geradezu ausgestellten Bilder vom Ende des unschuldigen Daseins im Paradies schaffen den Hintergrund, vor dem die Ironie des Romans verstehbar wird. Am Ende des 18. Jahrhunderts hatte sich als zentrale Position des Idealismus eine säkularisierte Lesart der Genesis durchgesetzt. Schiller nahm unmittelbar Bezug auf Kant, als er in seiner Abhandlung «Etwas über die erste Menschengesellschaft nach dem Leitfaden der mosaischen Urkunde» schrieb, der «Sündenfall» des Menschen sei die «erste Aeußerung seiner Selbstthätigkeit, erstes Wagestück seiner Vernunft, erster Anfang seines moralischen Daseyns»[34]. War der Garten Eden längst ein Ort auch der Aufklärung, so ist das Wüstenbild am Ende des Romans jenseits aller apokalyptischen Konnotationen ein ironischer Kommentar jener bürgerlichen Aufklärungseuphorie: *Ich gehe mit Herrn Benjamenta in die Wüste*. Und das Bild konsequent weitermalend: *Weg jetzt mit dem Gedankenleben*. So plakativ und ironisch zugleich hatte Walser in keinem seiner Berliner Romane mit den Grundwerten der bürgerlichen Gesellschaft gespielt. Dieses Spiel, weniger sein Inhalt, macht die Modernität des *Jakob von Gunten* aus. Cogito ergo sum? *Jetzt will ich an gar nichts mehr denken*. (11,164) Denkt Jakob zuletzt.

Das Denkverbot zählt zu den Topoi in Robert Walsers literarischem Werk. Im Roman *Jakob von Gunten* wird die

Ironie des aufklärungsskeptischen Programms deutlich. Wo dagegen in den Briefen die Positionen der literarischen Texte wiederkehren, offenbart sich das andere – als abweichender Ton gelegentlich. Vor allem aber in der Verschiedenheit der Kontexte: Das Denkverbot zum Beispiel überzeugt in den Texten als Konsequenz aus dem differenzierten Blick auf die Zementierung bürgerlich-aufklärerischer Positionen bei gleichzeitiger Entwertung. In den Briefen misslingt der Gedanke durch seine (weitgehend) literarische Ortlosigkeit. *Nur nicht denken. Liebe Lisa, das ist die größte Sünde, die es gibt. Lieber liederlich, als traurig sein. Gott haßt die Traurigen. Doch es geht alles so schnell vorwärts. Man stirbt so schnell. Versimple nur. Es ist etwas herrliches um's Versimpeln.* (B 19) Als Bedingung des Daseins taugt das Denkverbot nicht. In ähnlicher Manier wird Walser ein paar Jahre später seiner Schwester Fanny Walser die Demut empfehlen: *Lege nur allen Stolz ab. Stolz, liebe Schwester, macht unglücklich.* Empfehlungen wie für das Poesiealbum geschrieben: *Nimm Dir nicht Gutes vor, sondern tu das Gute.* (B 39) Auch wenn die Nähe der Briefe zu den literarischen Texten gar nicht bestritten werden soll – zumal die Stofflichkeit als kategoriale Grenze zwischen den Textsorten im Werk Robert Walsers fortwährend negiert wird –, die literarischen Sätze haben einen anderen Ort als den Lebensrahmen. Und das stimmt noch dann, wenn wie so oft gilt, dass die Person auch hinter den Briefen nicht steht.

In seinem Roman *Geschwister Tanner* hat Walser die alten, die verbrauchten bürgerlichen Identitätsmuster bemüht und seine Protagonisten an ihnen scheitern lassen. *Der Gehülfe* ist eigentlich nur noch eine Funktion, für Joseph Marti bestenfalls ein ‹Identitätsrest› – eine Stellung bekleidet dieser Gehilfe nicht mehr, der das Haus verlässt, wie er es betreten hatte. Aber er hat als Außenseiter wenigstens noch eine Position; weil er im Turm lebt, ist es die Position des Beobachters. *Jakob von Gunten* schließlich ist die Radikalisierung des ‹Prinzips Unten›: ein ironisches Spiel mit jenem idealistischen Unterbau, dessen Tragfähigkeit in der Moderne nachhaltig infrage gestellt wird. Nur, wie im Roman in Gegensätzen argumentiert wird, die Extrempositionen besetzen und keine wirklichen Standpunkte sind, wird das dialektische Spiel von Aufklärung und ihrer Destruktion über die Anfänge der Moderne hinaus fortgesetzt.

Der letzte der Berliner Romane bereitete den Zeitgenossen Schwierigkeiten. Franz Kafka zählte noch zu denjenigen, die sich nach der Lektüre dieses dritten Berliner Romans zustimmend äußerten: «‹Jakob von Gunten› kenne ich, ein gutes Buch.»[35] Es ist ein artifizielles Buch, passt eigentlich am besten in die Szene, auch weil es in die Epoche passt, die kaum angebrochen war. *Jakob von Gunten* ist ein expressionistischer Text. So zeugt dieser Roman etwa von der neuerdings darstellbaren Verselbständigung der Dinge als Ausdruck der Entfremdung des Menschen. *Und dann sind wieder die dummen vielen Zigarren in den vielen Schlitzen von männlichen Mundteilen.* (11,38) Die Zeit des Romanciers ging mit *Jakob von Gunten* zu Ende, auch wenn sich Walser später noch einmal an dieser Gattung versuchte. Man nimmt an, dass er in Berlin drei weitere Romanmanuskripte verbrannte. Als Carl Seelig ihn Jahrzehnte später darauf ansprach, antwortete Robert Walser: *Das ist wohl möglich. Ich war damals darauf versessen, Romane zu schreiben. Aber ich sah ein, daß ich mich auf eine Form kapriziert hatte, die für mein Talent zu weitläufig war. So zog ich mich in das Schneckenhaus der Kurzgeschichte und des Feuilletons zurück.* (S 75)

Von Berlin hat Robert Walser Bilder hinterlassen, die sein Bruder nicht malen konnte – der doch die frühen Bü-

Die Friedrichstraße in Berlin. Kolorierte Postkarte, um 1910

cher immer illustrieren sollte, damit sich jemand dafür interessieren könnte. *Friedrichstraße: Oben ist ein schmaler Streifen Himmel, unten der glatte, schwärzliche, gleichsam von Schicksalen polierte Boden. Die Häuser zu beiden Seiten ragen kühn, zierlich und phantastisch in die architektonische Höhe. Die Luft bebt und erschrickt von Weltleben. Bis zu den Dächern hinauf und über die Dächer noch hinaus schweben und kleben Reklamen. Große Buchstaben fallen in die Augen. Und immer gehen hier Menschen. Noch nie, seit sie ist, hat in dieser Straße das Leben aufgehört zu leben.* (3,76) Der Aufenthalt in der Stadt erleichtert, beschleunigt die Wahrnehmung einer bereits radikalisierten Moderne. Schließlich ist der Spaziergänger überfordert in dieser temporeichen, überfüllten Stadt. *Welch ein Geschiebe und Gedränge, welch ein Rasseln und Prasseln.* Aber er hat eine Sprache, welche die Wahrnehmung nicht bloß sichtbar, sondern auch begreifbar macht. *Welch ein Geschrei, Gestampf, Gesurr und Gesumme.* Die Alliterationen ziehen die Begriffe zu einem einzigen Geräusch zusammen. *Und alles so eng zusam-mengepfercht. […] Die Wagen der elektrischen Trambahn sehen wie figurenvollgepfropfte Schachteln aus.* (11,37) Bilder, wie sie auch Kafka in seiner Prosa malen wird. Von diesen Stadtan-sichten nimmt Robert Walser Mitte März 1913 Abschied.

Maler-Bruder

An den Briefen, die Walser nach seiner Rückkehr in die Schweiz geschrieben hat, kann man erkennen, warum die Existenz als Berliner Romancier eine Episode bleiben musste. *Ich bade jeden Tag, bei Sonnenschein, Wind und Regen im schönsten See. Wenn Sie sich mit raffinirtester Phantasie einen See phantasieren, so ist er noch nicht halb so schön wie der Bielersee.* (B 66) Das schreibt Walser Ende Juli 1913 an Max Brod auf einer Postkarte. «Hotel Croix Bleue» lautet der Absender. Aber der sich da einem literarischen Freund mitteilt, schreibt nicht als Tourist. Der Unstete war doch nirgendwo mehr zu Hause als in seiner Geburtsstadt Biel und ihrer Umgebung. Im Dezember schreibt er von dort an Frieda Mermet: *Ich bedaure nur lebhaft, daß ich Ihnen nicht Leubringen und Magglingen habe zeigen können. Magglingen ist jetzt strahlend-schön im weißen Schneekleid und mit dem feurig-blauen Himmel, und der Magglingenwald ist dick mit Reif bedeckt. Ich war gestern und heute oben, es war ein reicher, hoher Genuß.* (B 68)

Es ist ein ganz anderes Leben als in Berlin. In Biel ist Robert Walser einsam mit sich, in der deutschen Hauptstadt war er es neben den anderen, neben seinem Bruder vor allem. In einem Gespräch mit Carl Seelig erinnert sich Walser: *Ja, ich sage es Ihnen offen: in Berlin habe ich mich mit Vorliebe in vulgären Kneipen und Tingeltangels herumgetrieben, damals, als ich mit Kari und der Katze «Muschi» im gleichen Atelier wohnte [...]. Ich foutierte mich um die Welt von oben. Ich war in meiner Armut glücklich und lebte wie ein sorgloser Tänzer. Ich habe damals auch tüchtig gesoffen. So wurde ich schließlich ziemlich unmöglich, und es war ein reiner Glücksfall, daß ich zu meiner herzigen*

Am Seeufer in Biel. Kolorierte Postkarte, um 1910

Schwester Lisa nach Biel zurückfand. (S 43) Nicht sentimental, eher naiv erscheinen solche Erinnerungen. Aber selbst das, was Walser wie eine harmlose Jugend(sünden)geschichte erzählt, zeichnet den tiefen Riss nach, den er zwischen sich und der Gesellschaft wohl niemals schmerzhafter empfand als am Ende jener Berliner Jahre. Robert Walser hatte sich 1913 nicht nur von einer Stadt verabschiedet.

Die Rückkehr in die Schweiz war zugleich das Ende der engen Beziehung zu seinem Bruder, *Kari.* «Es war ab und zu, als seien Karl und Robert Zwillinge, ohne äußere Ähnlichkeit, aber in Ansichten und Gebärden.» [36] Flora Ackeret schreibt das, und ihr gutes Verhältnis zu der Familie verbürgt Authentizität. Sie war die Vermieterin einer Wohnung an der Quellgasse [37], die Adolf Walser nach der endgültigen Geschäftsaufgabe mit seinen Töchtern Lisa und Fanny im Herbst 1897 bezog. Mit Karl Walser hatte die Kunstliebhaberin im Frühjahr 1899 eine kurze Affäre.

Zurück in der Schweiz, in jenen Jahren in Biel, beginnt die Suche nach einer Lebensform, die der Identität des Dichters schon näherkäme. In dem Hotel, in dem Robert Walser mehr als sieben Jahre wohnen wird, ist er im Grunde bloß geduldet. *Diese Woche mußte ich selbst den Besen in die Hand nehmen und den Zimmerboden aufwischen, der ganz voll Staub war. Das Zimmermädchen ist mitunter entsetzlich nachläßig. Reklamieren und aufbegehren darf hier im Blaukreuz ein alter Pensionär nicht das Geringste, sonst setzt er sich der Gefahr aus, aus dem Haus hinauskomplimentiert zu werden, und das wäre ja schade!* (B 90) Robert Walser ist 37, als er das seiner Freundin Frieda Mermet schreibt. Er bewohnt ein Dachzimmer, das er auch im Winter selten heizt. «Es gab da nur ein Bett, einen Tisch und einen Stuhl.»[38] Die Szene ist freilich dem berühmten Gemälde nur scheinbar ähnlich, denn Spitzweg hat die Idylle gemalt.

In der Mansarde im Hotel «Zum blauen Kreuz» bleibt Robert Walser bis 1921. Zu den Texten, die hier entstehen, zählt *Leben eines Malers*, eine kleine Erzählung, die im Januar 1916 in der «Neuen Rundschau» erscheint. Eine Skizze des Malers Karl Walser, so kann man den Text lesen. Zweifellos ist er das Produkt einer intimen Lebens- und Arbeitsgemeinschaft.[39] Robert Walser orientierte sich an seinem älteren Bruder, folgte ihm gern – wie schon 1895 nach Stuttgart. Der junge Dichter bewunderte seinen kaum älteren, aber eben doch größeren Bruder. Denn dieser schien konsequenter das zu verkörpern, was Robert auch gerne schon seine Identität genannt hätte, einen Künstler, nicht einen Commis, der nebenbei schrieb.

Robert Walsers Korrespondenz mit den Verlagen, die seine ersten Bücher drucken, zeugt von dem großen Respekt, den er gegenüber seinem Bruder empfindet. Dessen Namen hebt er graphisch gern hervor, und er handelt ihn auch weit-

Das Hotel
«Zum blauen
Kreuz» in Biel

aus höher als seinen eigenen: Für die von ihm projektierten
Bände *Kleine Geschichten* und *Aschenbrödel und Schneewittchen*[40] verlangt er im Dezember 1912 vom Ernst Rowohlt
Verlag 1500 Mark für den Bruder, der beide Bände illustrieren will. 600 Mark *Vorschuß* (B 57) fordert der Verfasser der
Texte für sich, was bei den zu erwartenden Verkaufszahlen
einem Honorar gleichkommt.

Die Erzählung *Leben eines Malers* kreiert vor allem eine
besondere Textform: in Prosa übersetzte Bilder. Sie lassen
sich identifizieren. Der Text montiert Beschreibungen von
Bildern Karl Walsers, die, alle um 1900 gemalt, im Museum
Neuhaus in Biel ausgestellt sind. «Blick aus dem Fenster»
ist 1900 entstanden. *Ein anderes Bild aus diesem Zimmer und*

Karl Walser: Blick aus dem Fenster. 1900, Öl auf Karton

Jahrgang ist das Zimmer selber, d. h. dessen breites offenes Fens-
ter mit Aussicht auf allerlei altertümliche freundliche Dächer.
Telegraphendrähte sind fein und scharf durch die Luft gespannt.
[…] In einem gegenüberliegenden Raum oder garnierten Gemach
sitzt eine anscheinend ungewöhnlich heitere Gesellschaft von lus-
tig durcheinandergewirbelten Leuten wirr beisammen. Ein krau-
ser Kerl spielt in die warme Abendwelt hinaus auf der Mando-
line. Dicht über den gemütlichen Hausdächern steht der liebliche
Frühjahrsberg, prangend mit Tannen-, Apfelbaum- und grünen
Buchenstücken, allerliebster enger, schmaler, runder, kinderant-
litzhafter Waldwiese, auf der ein schmuckes, winziges Land- und
Berghaus sitzt und steht. Wieder sind hier Schwalben in der gelin-
de säuselnden Luft. Man glaubt sie scharwenzieren hören zu kön-
nen. Auf des Malerzimmers Fensterbrett sieht, wer Augen hat zu

sehen, ein Glas Wasser mit Veilchen, die uns, wie wir sagen möch-
ten, aus dem Bilde ordentlich anduften, so, als wenn der Duft mit-
gemalt worden sei. (7,22) Die Darstellung ist präzise, geradezu
dokumentarisch. Bloß da, wo oben das Zitat unterbrochen
ist, kommt deutlich die Perspektive des Betrachters hinzu:
Aus einem Guckfensterchen schaut und guckt ein neugieriger Kopf
heraus, womöglich ein armer Dachstubendichter, der sich so auf-
richtig nach Dichterruhm und schönen Frauen sehnt wie gewiß
nur er selber oder wie ich weiß nicht wer. (7,22) Der Gestus des
Ungewissen scheint die Identifikation vermeiden zu wollen
und provoziert sie so geradezu. Das ist in Robert Walsers
Prosa ein häufig wiederkehrendes Spiel. Entzieht man sich
ihm, wird man auf andere Konnotationen verwiesen.

Der Blick des Dichters aus dem Fenster: Seit Tischbein
1786/87 Goethe in dieser Perspektive in Rom gemalt hat,
ist der Blick aus dem Fenster ein Topos in der darstellenden
Kunst, aber unter entgegengesetzten Vorzeichen. Tischbein hat die selbstbewusste
Gestalt des Künstlers ge-
malt. Der hell erleuchtete
Fensterausschnitt auf dem
klassischen Bild gibt nichts
preis von dem Corso, auf den
Goethe blickt; der Betrachter
selbst ist wichtig, seine läs-
sige, seine sichere Haltung.
Das ist bereits mehr ein Ha-

Johann Heinrich Wilhelm Tischbein: Johann Wolfgang von
Goethe, aus dem Fenster seiner
römischen Wohnung am Corso
blickend. 1786 / 87, Aquarell und
Kreide über Bleistift

ben als ein Sehnen. Die Romantik inszeniert dann nicht so sehr die Figur, vielmehr die Perspektive, ihre Bilder gestalten Sehnsuchtsorte, Landschaftstableaus zumeist. Doch bereits da löst sich der Zusammenhang auf zwischen der dargestellten Aussicht und der Sehnsucht des Betrachters, des einsamen Wanderers zumeist. In der Moderne verliert sich selbst das Sehnen. In der Bildbeschreibung von Walsers Text ist die Sehnsucht selbstironisch auf das formelhafte, das klischeebehaftete Wünschen reduziert: *Dichterruhm* und *schöne Frauen.*

Die negativ konnotierten Dichterporträts kehren wieder in den Bildbeschreibungen der Erzählung *Aussicht auf die Alpen: [...] die Schönheit des schneebedeckten Hochgebirges [ist] in jedem Sinne anschaulich und reizvoll behandelt. [...] Mitten im prächtigen Bilde liegt unter Tannen wieder einmal leider Gottes, wie es scheint, so ein Strick und Tagedieb von träumendem, faulenzendem Monsieur Faulpelz. [...] Ist es etwa ein Dichter? Hoffentlich doch nicht.* (7,23) Beschrieben ist das Bild, als sei die Gestalt darauf bloße Staffage. Sie ist aber doch in diesem artig, beinahe naiv gemalten Landschaftsbild das Besondere. Indem die Erzählung das Gegenteil behauptet, verrät sie ihr Verfahren: Die Bilder werden zu Projektionsflächen einer sich selbst ungewissen Dichtergestalt.

Leben eines Malers: Zustimmend, begeistert verfolgt der Erzähler die Geschichte des Künstlers, orientiert an dessen Bildern. Und dann endet der Text beinahe abrupt da, wo der Erfolg des Malers beginnt. *Über Nacht wie zum Liebling erhoben worden, erhielt er zahlreiche, schmeichelhafte Aufträge, die seiner Schaffenslust völlig neue Wege öffneten.* (7,30) Es ist das Ende der Erzählung, freilich der überarbeiteten Fassung, die 1920 in dem Prosaband *Seeland* erschien: *Er sah den Glanz und das elegante Getümmel im Theater. Die Tätigkeit, wozu er aufgemuntert wurde, machte ihn glücklich.* (7,31) Die Kunst

Karl Walser: Aussicht auf die Alpen (Blick vom Weissenstein).
1899, Öl auf Karton

aber scheint abhandenzukommen, wie die Betrachtungen
darüber enden. Der glückliche Schluss ist nicht ohne Bitterkeit und birgt eine Ahnung davon, wie sich hier ein Künstler an den Star verliert.

Mit der kleinen Erzählung hat Robert Walser zudem
eine Form gefunden, den Verlust zu erzählen, den er zweifellos schmerzhaft empfunden hat. Mit der Abkehr vom
Bruder endet auch eine wichtige Freundschaft. *Leben eines
Malers*, 1916 erschienen, ist schon eine Bilanz. In Berlin waren sich die Brüder fremd geworden. Karl Walser hatte sich
hervorragend arrangiert mit dem Leben in der Großstadt,
Robert Walser dagegen begann sich zurückzuziehen. Der
Misserfolg seines 1909 erschienenen Romans *Jakob von Gunten* trug wesentlich dazu bei. Insgesamt ging die Zahl seiner

Veröffentlichungen stark zurück. Robert Walser hat nie für den Zeitgeschmack geschrieben, in Berlin hatte er, mit den ersten beiden veröffentlichten Romanen, wohl eher zufällig den Geschmack der Zeit gekreuzt. Das emotionslose Erzählen des Lebens, des alltäglichen – er wusste selbst, dass er damit den Erwartungen des Publikums nicht entsprechen konnte. Karl hingegen reüssierte mit neuen Gemälden in der Sezession, illustrierte Werke für den Cassirer-Verlag und gestaltete unter anderem für Samuel Fischer die Jubiläumsausgabe von Thomas Manns «Buddenbrooks».

Die Abweichungen des Erstdrucks in der «Neuen Rundschau» von der Fassung, die letztlich 1920[41] in dem Prosaband *Seeland* erschien, seien, so Jochen Greven[42], «nicht sehr erheblich gewesen» (7,216). Bedeutsam sind sie indes schon: Denn in der Erstfassung endete die Erzählung da, wo der Künstler genau das unternimmt, was ihm seine Stellung verbietet, die Rückkehr in die Bürgerlichkeit: *Es kamen Reisen nach fernen Ländern, und mit der Zeit heiratete er.*[43]

Meinem Bruder Karl gefällt das Stück «Leben eines Malers» nicht, da es sich hier um eine Schilderung seiner Persönlichkeit handelt. Für Robert Walser war es aber ein Teil seiner Arbeit, Literatur: *Nur ungern verzichte ich meinerseits auf dieses Stück –* und war dann doch bereit, einem äußeren Zwang zu folgen: *Meinem Bruder zulieb will ich aber drauf verzichten.* (B 169 f.) Noch immer war der Respekt gegenüber dem Bruder groß, aber auch und mittlerweile vielleicht schon vor allem der Einfluss des anerkannten Künstlers: Auch den Band *Seeland* illustrierte Karl Walser. Die geänderte Fassung hat er schließlich wohl doch akzeptiert. Seine letzte Arbeit für den Bruder war die Umschlagzeichnung für den Prosaband *Die Rose*, der 1924 bei Rowohlt erschien.

Als Karl Walser am 28. September 1943 starb, hat sein Bruder nach Auskunft des Chefarztes in Herisau auf die

Karl Walser mit seiner Frau Hedwig Agnes Walser-Czarnetzki, 1913

Nachricht lediglich «mit einem trockenen ‹So!› reagiert»[44]. Welche Worte aber und wie viele hätte man zu diesem Zeitpunkt von Robert Walser auch erwarten können – als «das Schweigen» längst «der schmale Steg»[45] geworden war, auf dem man ihm entgegenkommen konnte.

Poetenleben

Die Arbeit des Schriftstellers Robert Walser ist ein permanenter Akt der Selbstvergewisserung. Deshalb hat er wohl auch so viele Dichterporträts und -skizzen geschrieben: *Kleist in Thun* (1907), *Brentano (I)* (1910), *Dickens* (1911), *Lenz* (1912), *Büchners Flucht* (1912), *Kotzebue* (1912), *Lenau (I)* (1914 / 15), *Hölderlin* (1915), *Hauff* (1917) – um nur einige zu nennen. Allen Texten gemein ist der Verzicht auf das übliche Spiel mit dem ausgestellten und so auch zugleich wieder relativierten Selbstbezug.

Poetenleben (1916) allerdings ist noch geprägt von jenem Spiel: Ausgebreitet wird eine Biographie mit so viel autobiographischem Bezug, dass der Unsicherheitsgestus geradezu grotesk erscheint. Betulich in den Plural wechselnd kommentiert der Erzähler seinen Bericht: *[...] was wir aber allerdings höchstens nur vermuten können.* (6,127) Die gehäuften, scheinbar beliebig gereihten Partikel kopieren einen Stil, den der Commis Walser in vielen verschiedenen Stellungen reproduzieren musste und der dann Zitat geworden ist in seiner Prosa. Es ist der Unverbindlichkeitston einer anonymen Verwaltungssprache, der sich gerade da fremd ausnimmt, wo Individualität geschildert werden soll. Am Ende des Textes heißt es: *Was aus ihm wurde, wie es ihm später ergangen sein mag, entzieht sich unserer Kenntnis. [...] Wir wollen sehen, und sobald etwas Neues ausfindig zu machen gewesen sein wird, soll es, falls nur auch dafür schon wieder genügend neues gütiges Interesse vorauszusetzen zu dürfen freundlich gestattet worden wäre, mit Vergnügen mitgeteilt sein.* (6,129) So wird die sperrige Sprache zum Eingeständnis eines zum Scheitern verurteilten Unterfangens, des authentischen Lebensberichts.

Der Maler träumt aus dem Leben eines Dichters die schönen Momente und macht neue Bilder daraus, die ein Leben ergeben. (5,261) Mit einer überraschenden Selbstverständlichkeit handelt der erste Satz aus der kleinen Erzählung *Leben eines Dichters* (1905) vom Maler; wendete man den Satz um, ergäbe sich daraus die Beschreibung eines Verfahrens – der Arbeit Robert Walsers: Der Dichter nimmt aus dem Leben eines Dichters bestimmte Momente und macht neue Szenen daraus, die ein Leben ergeben. Ein anderes Leben, ein fiktives. Im zweiten und dritten Satz steht, was man dann noch vermissen könnte, weil man es aus Abschilderungen vom Leben kennt: *Dazwischen ist vieles, das man erzählen müßte, Briefe und Gespräche, Bekanntschaften und Stunden der Leere und Langeweile. Es ist wohl auch schon öfters erzählt worden, in langen Büchern, die man nur einmal liest, oder gar ungelesen bei Seite legt.* Der Maler macht es anders, er *gibt Schattenbilder, und sie wirken sehr lebendig in ihrer ruhigen Reihenfolge.* (5,261) Die Arbeit des Malers wird zur Metapher eines anderen Schreibens, der Poetologie Robert Walsers, wie sie 1905 in Umrissen schon erkennbar ist.

1907 veröffentlicht Walser die kleine Erzählung *Kleist in Thun* in der «Schaubühne». Die Dichtergestalt ist dabei Anlass des Erzählens, der Inhalt ist das Bekenntnis eines von Natur, von Landschaft inspirierten Schreibens. Der Eindruck drängt sich auf: Robert Walser schreibt am meisten von sich, wenn er von anderen schreibt. Wobei die Wahl der Figur strukturbestimmend ist. Was Kleist und Walser verbindet, ist das «unglückliche Bewußtsein der ästhetischen Subjektivität»[46]. Sie sind «Statthalter eines Ichs», das sich – so Martin Jürgens in Anlehnung an die von Horkheimer und Adorno verfasste «Dialektik der Aufklärung» – gegen die «Verhärtung» verweigert, die als Bedingung der Zivilisation jegliches mimetisches Verhalten, das Aufgehen «im Auf und Nieder der umgebenden Natur»[47], als latente Bedrohung der zivilisierten Gesellschaft zurückweist.

Es gibt einen deutlichen Perspektivbruch in dieser kleinen Erzählung. Am meisten wahren noch Anfang und Ende die Distanz des Biographen. Dann steigert sich der Icherzähler schnell in die Imagination des unbekannten Lebens, von Kleists Alltag in Thun, und tritt zunehmend in den Hintergrund. Hineingestreut ist die Auskunft des historisch Verbürgten. Ganz sicher kannte Walser die Briefe Kleists aus der Zeit von dessen erstem Schweizer Aufenthalt.[48] *Der Zerbrochene Krug wird geschrieben. Aber was soll alles das?* (2,70) *Wochen vergehen. Kleist hat eine Arbeit, zwei, drei Arbeiten vernichtet. […] Er fängt die Sempacherschlacht an mit der Figur des Leopold von Österreich im Mittelpunkt, dessen sonderbares Geschick ihn reizt. Dazwischen erinnert er sich des Robert Guiskard. Den will er herrlich haben.* (2,77 f.) Und der Schluss handelt dann von der blassen Erinnerung an jenen Aufenthalt in Thun, erwähnt die *marmorne Tafel* an *der Front des Landhauses, das Kleist bewohnt hat* – für *Reisende mit Alpentourenabsichten.* (2,80) Alles das aber gibt dem Text nur eine äußere Struktur. Vor allem enthält diese Erzählung eine emphatische Liebeserklärung an die Natur. Landschaftsbilder werden entworfen, deren Anblick wie eine Kompensation des aus dem Gleis geratenen Lebens, mithin des stockenden Schreibens erscheinen: eine Therapie mit Duft, Licht und Farben für einen (an sich) krankenden Dichter. *Ganz in weißen Düften und Schleiern verloren liegt da der See, umrahmt von dem unnatürlichen, zauberhaften Gebirge. Wie das blendet und beunruhigt. Das ganze Land bis zum Wasser ist der reine Garten, und in der bläulichen Luft scheint es von Brücken voll Blumen und Terrassen voll Düften zu wimmeln und hinunterzuhängen.* (2,71)

Thun, der See und die Alpen. Kolorierte Postkarte, um 1920

Bisweilen wirken die Bilder, auch Genrebilder sind dabei, wie in Prosa übersetzte Verse: *Wie es über das ganze, sonn-täglich umsonnte Städtchen glitzert, leuchtet, blaut und läutet.* (2,74) Klangspielereien, Alliterationen auch, schaffen hier die Form, die Wahrnehmung im konzentrierten Ausdruck zu versinnlichen.

So wie Landschaft in diesem Text entworfen wird, ist sie schließlich mehr als das schöne Panorama einer Heil suchenden Seele, die Landschaft ist die Protagonistin des Textes. *Die Berge sind wie die Mache eines geschickten Theatermalers, oder sie sehen so aus, als wäre die ganze Gegend ein Album, und die Berge wären von einem feinsinnigen Dilettanten der Besitzerin des Albums aufs leere Blatt hingezeichnet worden, zur Erinnerung, mit einem Vers. Das Album hat einen blaßgrünen Umschlag. Das stimmt. Die Vorberge am Ufer des Sees sind so halb und halb grün und so hoch, so dumm, so duftig.* (2,71) Diese Landschaft ist vor allem nicht mehr authentisch.

Wie eine erotische Offenbarung erscheint die Natur: *Er hat sich ausgezogen und wirft sich ins Wasser. Wie namenlos schön ihm das ist. Er schwimmt und hört Lachen von Frauen vom Ufer her. [...] Die Natur ist wie eine einzige große Liebkosung. Wie das freut und zugleich so schmerzen kann.* (2,71 f.) Naturerleben als Lusterleben ist ein Topos in Walsers Texten. Schon in seinem frühesten[49], 1899 erschienenen Prosastück *Greifensee* (2,32 – 34), zeichnet er ein emphatisches Naturbild – *es ist alles so schön, so alles der bloßen Schönheit wegen da –*, das *ganz und gar die Beschreibung* des *Herzens* ist. Der ruhelose Spaziergänger wird zum begeisterten Schwimmer. *Welch eine Lust ist es, sich aus lauter Fröhlichkeit abzuarbeiten!* Spazierengehen und Schwimmen sind hier Metaphern erotischen Erlebens.

Landschaftsbilder sind oft in Walsers Prosa vorherrschend, aber kaum je ist das Verhältnis von Betrachter und Betrachtung so deutlich von dieser beherrscht. *Unten, wie von einer mächtigen Gotteshand in die Tiefe geworfen, liegt der gelblich und rötlich beleuchtete See, aber die ganze Beleuchtung scheint aus der Wassertiefe heraufzulodern. Es ist wie ein brennender See. Die Alpen sind lebendig geworden und tauchen ihre Stirnen unter fabelhaften Bewegungen ins Wasser. Seine Schwäne umkreisen dort unten seine stille Insel, und Baumkronen schweben in dunkler, singender und duftender Seligkeit darüber.* (2,76 f.) Der überwältigte Betrachter verliert sich an die Macht des Angeschauten. *Er möchte in das Bild hineinsterben. Er möchte nur noch Augen haben, nur noch ein einziges Auge sein.* (2,77) Mehr noch als von Kleist ist hier allgemein vom Schriftsteller die Rede, der im Akt der Beschreibung einer Schreibhemmung des anderen die eigene Arbeit verteidigt als materialisierte Intensität des Hinschauens. In Walsers Prosa geht der selbstreflexive Kunstbegriff auf in einem Schreiben, dessen Anlass bereits das angestrebte Ziel ist. Es ist eine Zurücknahme des Schriftstellers zugunsten der aufgeschriebenen

Wahrnehmung. Von einem «gefährdeten ästhetischen Sub-
jekt-Objekt-Verhältnis» schreibt Jürgens mit Blick auf den
Verzicht, eines «außenliegenden Objekts», eines «Themas
im eigentlichen Sinn», eines «‹Stoffs›». In der späten Prosa ist dieses Verfahren von noch deutlicherer Konsequenz.
Die breitangelegten Landschafts- und Genrebilder in dem
kleinen Text *Kleist in Thun* verselbständigen sich von ihrem
äußeren Anlass einer Dichterskizze, schon hier ist der ab-
sichtslose «vagabundierende, flanierende Blick» in Walsers
Prosa erkennbar – und wird in der Tat zum Indiz einer neu-
en Ästhetik, eines «ästhetischen Dekonstruktivismus avant
la lettre».[50]

Die Geschichte des Schriftstellers in dem kleinen Prosastück *Hölderlin* (1915) reproduziert zunächst geläufige Klischees: Der arme Poet, *die große, schöne Seele* muss ihren *Hang
nach Freiheit* im Dienst als Hofmeister *verkaufen*, die *säuberliche, bürgerliche Enge* bedeutet zwangsläufig den Verlust der
Identität: *Da zerbrach, zerriß er, und er war von da an ein armer,
beklagenswerter Kranker.* (6,116 f.) *Ein Held, ein Löwe, ein königl-
licher Grieche* (6,117), dem die Welt zu eng ist. Aber so sehr
sich die Klischees zum pathetischen Nachruf verdichten:
Fertig ist die Geschichte damit nicht. Erzählt werden muss
noch, was sich in die Gigantomanie des Anfangs nicht recht
fügen will, aber doch mehr Raum beansprucht – erzählt
werden muss noch die Liebe des Dichters zu seiner Herrin.
Es ist das letzte Band, so will es der Text, das ihn mit dem
Leben verbindet. Schreibend hält er es fest. *Und wo Hölderlin fühlte, daß er zugrunde gehe, musizierte und dichtete er zum
Entzücken.* So wird die ungelebte Liebe – «*Es ist ja unmöglich,
Hölderlin*» (6,118) – in diesem kleinen Prosastück zur letzten
Möglichkeit, einen Weg in das Leben zu finden. Deshalb ist
es auch die geliebte Frau, die das Ende des Dichters besiegelt.
Laß doch die Leidenschaft fahren und überwinde dich. Wie schön,

warm und groß könntest du in entschlossener Überwindung sein.
Doch deine kühnen Einbildungen töten dich, und der Traum, den
du dir vom Leben machst, raubt dir das Leben. (6,119) Er *ging*
dann aus dem Hause fort, trieb eine Zeitlang noch in der Welt um-
her und fiel darauf in unheilbare Umnachtung (6,120). Das ist
beides zugleich: eine Schutzbehauptung der bürgerlichen
Gesellschaft, die ihren Bestand mit der Selbstbeschränkung
zu sichern versucht, und tatsächlich auch eine Grenzerfahrung des Daseins – dass die Vorstellungen vom schöneren
und gelingenderen Leben zu groß werden könnten, nicht
mehr auszuhalten wären. Noch die Sehnsüchte, die über die
Konventionen weit hinausreichen, sind mit ihnen unlösbar
verbunden. Das sind Erkenntnisse über das Leben, nicht
eines bestimmten. In Walsers Prosa ist Hölderlin nur ein
Modell von vielen.

Auch da, wo das Thema wiederkehrt – die anderen Dichter, die Vorbilder –, verfällt das Schreiben Walsers keinem
Dauerton. Sein Stil ist wandlungsfähig, virtuos gelingt ihm
etwa mit dem Prosastück *Dickens* (1911) eine neue Variante
desselben Gedankens: großer englischer Erzähler, kleiner
schweizerischer Stümper. Es ist ein Text, dessen Lektüre vor
allem Spaß macht. In der kleinen Skizze *Hauff* (1917) schafft
Walser mit derselben Attitüde – *ein so bescheidener, unbedeu-*
tender Mann, wie ich einer bin oder zu sein scheine – den Hintergrund für einen Begeisterungsausbruch angesichts des Mär-
chenerzählers, der aber bestenfalls noch unterhält durch die
Penetranz der Superlative. In der Summe erscheinen diese
Huldigungen wie eine Absage an die Literaturkritik per se.
Walser produziert fortwährend Kategorien, die keine sind,
himmlisch schön, entzückend, ganz einfach bezaubernd (5,191),
und macht seine unreflektierten Skizzen zur Karikatur
eines sich oft bloß kritischer gerierenden Feuilletons. Ein
Text wie *Doktor Franz Blei* (1917) ist das Zeugnis eines sehr

genauen Beobachters, dann aber noch mehr ein Selbstbekenntnis. In der so authentisch wirkenden Skizze, dem autobiographischen Bericht, erscheint die Figur Doktor Franz Blei als Repräsentant einer literarischen Öffentlichkeit, die das schreibende Ich zu behindern droht: *Die Stille und die Sonderbarkeiten taten es mir an, und ich fühlte mich unwiderstehlich von der Macht des Düsteren und Einsilbigen angezogen. Das Nichts riß mich mit seinem wunderbaren Gehalt hin. Die Beschäftigungslosigkeit beschäftigte mich im höchsten Grad, und ich trank in vollen Zügen den melancholischen Reiz der Leere. Unangetastet und unzerstreut wollte ich sein, und ich war es.* (5,222)

Das *Nichts* taucht auf und kehrt wieder in Walsers Prosa als Kategorie – nicht aber als Gegenbegriff zum Sein, sondern mit ihm aufs engste verknüpft und damit dem Denken Nietzsches verwandt. In dem Text *Lenau (I)* (1914 / 15)[51] versagt der Dichter den vertrauten positiven Werten die Zustimmung, begeistert sich stattdessen an ihrem negativen Komplement. *Er fühlte sich wohl beim schauervollen Gedanken an die Gräber, und auf den Genuß dessen, was nicht zu genießen ist, verstand er sich vortrefflich.* (4,44) Es ist die Wahrnehmung des Nichts als Etwas. Das Besondere dieses kleinen Stücks Prosa ist der Prozess der sukzessiven Aneignung des Fremden als des Eigenen. Die Begeisterung für die *Herbstlieder* des schwermütigen, schließlich geisteskranken Lyrikers Lenau bekundet sich zuletzt in lyrischen Sätzen, einem der Prosa abgerungenen Gedicht: *Unverwelkliches Welken, blühender, unsterblicher Gram, rosengleiches Verzagen und Klagen, immergrüner Schmerz, ewig junger, ewig lebendiger Tod.* (4,45)

Zu den Schriftstellern, die Walsers Aufmerksamkeit erregten, gehörte auch Clemens Brentano. Gleich vier Prosastücke sind ihm gewidmet.[52] Doch ist auch der Romantiker mehr Anlass als Stoff, *Brentano (I)* (1910) ist eine weitere Variation der Themen Rückzug und Unaufgehobensein – *Er*

war weder ehrlich heimatlos noch auch redlich und natürlich ir-
gendwo in der Welt zu Hause (3,98) – und eine Beschreibung
der Leere, die denjenigen befällt, dem nichts mehr bedeutsam, alles vielmehr ein Nichts ist: die Welt *wie ein Karten-*
haus (3,100), die Natur wie eine *Gemäldeausstellung* (3,98), an
der sich die Augen längst abgearbeitet haben, er selber *seine*
eigene Wüste (3,99). Die *Erinnerungen, wie sie ihn töteten […] – –*
nur nicht denken. Es soll alles auseinandergehen, wie gelbe Blätter.
Nichts soll stehen, nichts soll einen Wert haben, nichts, nichts soll
bleiben. (3,100)

Robert Walser suchte seine ‹Vorbilder› nicht, fand sie
gelegentlich bloß, eher zufällig wohl. Denn er sammelte Por-
trätskizzen wie andere Prosabilder auch. Die Reihe scheint
beliebig, wie sie auch einen *Kotzebue* (1912) enthält, dem
Walser, damit dem Zeitgeschmack folgend, ein schlechtes
Zeugnis ausstellt. (3,104 f.)

Der Spaziergänger

Zurückgekehrt in die Schweiz, muss sich Robert Walser neu orientieren. Die Übereinstimmung mit der Umgebung, in der er seit 1913 wieder lebt, ist offensichtlich. Das zeigen die Briefe. Walser durchwandert die Wälder und Dörfer seiner Heimat und macht Bilder – Gedankenbilder – von den Menschen, die ihm begegnen: *Der Langnasige hatte eine Tabakspfeife im Munde so trefflich eingeklemmt, daß es aussah, als sei die Pfeife ein Teil des Gesichtes.* (4,150) Vor allem aber macht er Bilder von der Natur. Er schreibt mit dem Blick eines Malers: *Die Nachmittags- und jetzt bald Abendsonne streute flüssiges Liebes- und Phantasiegold über die Straße und machte sie rötlich zünden. Es war auf allem ein Hauch von Violett, aber eben nur ein zarter, kaum sichtbarer Hauch. Hauch ist nichts Fingerdickes zum Greifen, sondern tastet und schwebt nur über dem sichtbaren und unsichtbaren Ganzen als ahnungsvoller Schimmer, als Ton, als Gefühl.* (4,153) Malen freilich kann man das so nicht. Es ist nicht frei von Sentimentalität und Pathos, wie sich Robert Walser seine Umgebung aneignet. Zugleich gibt es keine Hierarchie der Betrachtung: *Mehrere Hüterbuben kamen auf mich zu, sie wollten wissen, wie spät es sei.* (4,153)

Jeder Schritt leitete in andere Schönheit hinein, heißt es weiter in dem Prosastück *Herbstnachmittag* (1914), das Walser in die Sammlung *Kleine Dichtungen* aufnimmt. Im Frühjahr 1914 bereitet er die Texte vor, 1915 erscheint das Buch bei Kurt Wolff. Sie zeugen von einer Intensität des Schauens, dass der Eindruck erweckt wird, hier verausgabe sich ein Leben im Protokollieren von Wahrnehmung. *Kleine Dichtungen* war die einzige Publikation, für die Robert Walser einen Preis bekam, 1914, vom «Frauenbund zur Ehrung rheinländischer Dichter». Die Anregung für diese Auszeichnung verdankte er Wilhelm Schäfer, Gründer und Redakteur der Zeitschrift «Deutsche Monatshefte» («Die Rheinlande»).

Walser lebt zurückgezogen in dieser Zeit, bis 1920 wird er die Mansarde im Bieler Hotel «Zum blauen Kreuz» bewohnen. Seinen Vorstellungen entspricht das nur zum Teil. Eine Frau hat seine Aufmerksamkeit erregt: Frieda Mermet. Er hat sie in Bellelay bei seiner Schwester kennengelernt, wo sie als Lingère arbeitet. Nun schreibt er ihr Briefe aus Biel. Sie dokumentieren eine offensichtliche, aber zurückhaltende Liebe. *Ich drücke Ihnen warm die Hand, liebe Frau Mermet, für Ihre Freundlichkeit. Ich werde jeden Tag ein wenig an Sie denken. Es ist eine Freude, an Ihre lieben Augen, an Ihr liebes Gesicht und an Ihre liebe schlanke Gestalt zu denken. Darf ich recht innig an Sie denken, liebe verehrte Frau Mermet?* (B 69) Gelegentlich

Frieda Mermet mit
ihrem Sohn Louis, 1909

Die Pflegeanstalt für Geisteskranke Bellelay im Jura

ist sogar von Heirat die Rede – *Ich stelle es mir schön vor, Ihr Mann zu sein* (B 159) –, eine wirkliche Perspektive scheint die Ehe nie gewesen zu sein, dafür reichte das Geld nicht. Dennoch ist es auch die Vorstellung von Familie, die Walser mit seiner Freundin verbindet. Oft ist von dem Sohn Frieda Mermets die Rede. Walser verteidigt ihn gegen die strengere Mutter, preist das Glück, ein Kind zu haben, und macht – selbst finanziell sehr schlecht gestellt – dem kleinen Louis Geldgeschenke.

In den vielen Briefen der folgenden Jahre nehmen die erotischen Vorstellungen zu, aber sie sind oft der hilflose Ausdruck von Enthaltungen. *Dank, liebe Frau Mermet, für […] das schöne warme Hemd. […] Das Hemd habe ich sogleich angezogen, und ich fühle mich sehr wohl darin, fast so, wie wenn ich mich an eine liebe weiche Frauenbrust andrückte.* (B 91) Die Briefe an Frieda Mermet erinnern auch an gemeinsame Stunden in Bellelay – doch gelebt hat Robert Walser diese Liebe wohl tatsächlich beinahe nur in seinen Briefen. Die waren bei ihm mehr noch als sonst ein Ort der Sinnlichkeit. *Wenn man sich schreibt, so ist es, als rühre man sich zart und sorgsam an.* (B 74)

Das Verhältnis zu Frieda Mermet war ein besonderes, auch weil es von großer Dauer war. Zuletzt war es vor allem von Dankbarkeit Walsers geprägt. Aber es blieb zugleich immer distanziert, nie bot Robert Walser der Freundin das Du an. Manchmal wirkte er geradezu herablassend: *«St. Evremond»* ist ein sehr hübscher, interessanter Essay, den nun eine Glätterin liest, die eine meiner Freundinnen ist, und der ich Ihr Heft einsandte. Sie hat verhältnismäßig viel mit der Länge von Jahren, die sie in Walser's Gesellschaft zubrachte, sich erworbene Bildung.* (B 266)

Häufig ist in Walsers Briefen von anonym bleibenden Frauen die Rede, von *einsamen Geschiedenen* (B 145) und *frischen Mädeln* (B 174), erotische Mitteilungen sind es, chauvinistische auch. Doch einsam ist Robert Walser zeitlebens. Länger andauernde Beziehungen hatte er sonst nur zu seinen Geschwistern Lisa und Karl. Die erotischen Phantasien sei-

ner Texte zeugen aber nicht bloß von Verhinderungen, sondern auch von Vorstellungen, wie das Leben sein müsste. In Zürich ist er mit Johanna Lüthy zusammen, mit der er von Oktober 1896 bis Februar 1897 im selben Haus zur Miete wohnt. Die kurze Beziehung, dann die stetig wiederkehrende Reflexion, immer wieder erinnern

Johanna Lüthy

Figuren, Szenen an die wenigen gemeinsamen Monate. Bei Robert Walser scheint es bisweilen so, als wenn das Denken ihm das Leben verbiete. Als *etwas Gewaltiges* denkt er sich die Liebe, so groß, dass er sie nicht leben kann. Von dem Ich einer seiner Prosaskizzen heißt es, es sei *für eine Liebe fraglos viel zu grob* (16,261).

Bernhard Echte erzählt Geschichten nach, die freilich zumeist nur fiktive Geschichten sind: Louisa Schweizer und Rosa Schätzle, zwei Freundinnen, spielten zweifellos eine wichtige Rolle im Leben Robert Walsers – er lernte beide wie schon Johanna Lüthy während seiner Züricher Jahre um die Jahrhundertwende kennen.[53] Auch sein Bruder Karl verkehrt mit den Freundinnen, und Robert Walser macht eine ernüchternde Erfahrung: «Auch Rosa Schätzle verliebt sich in Karl wie die meisten Frauen, denen sie gemeinsam begegnen.»[54] In einem fiktiven Brief Walsers an einen Verliebten – *Freundschaftsbrief* (1919) – ist von der Mitfreude die Rede (*ich liebe deine Liebe und bin in deinem Glück glücklich*, 16,397), auch sind allgemeine und klischeebehaftete Vorstellungen von der Liebe ausgebreitet, doch zuletzt versagt der Briefschreiber bei seiner Mission des selbstlosen Mitempfindens. Das ist die Erkenntnis des Textes. *Ohne Fühlen ersticken wir an uns, wir können sagen, was wir wollen. Redensarten helfen uns nicht. Ich zittere, schweife aus. Das Leben steht wie ein Riese vor mir. Der Bogen Papier fliegt mir weg, ich bin wie im Fieber. Die Feder springt, mir wird angst. Ich muß an die Luft hinaus, damit ich mich kühle und mich etwas oberflächlicher fühle, sonst zergehe ich. Wie bin ich im Meer der Erregtheit arm.* (16,398 f.)

Selbst wo die Freundinnen als Frauengestalten in seiner Prosa ‹wiederkehren›, erfährt man nur vom Respekt gegenüber einem geliebten Menschen. Robert Walser hält sich noch da zurück, wo die Fiktion Schutz bieten könnte. Es bleibt eine Leerstelle und die Einsicht, dass man nicht das

ganze Leben an die Phantasie delegieren kann. Man weiß
von verschiedenen Frauenbeziehungen auch während der
Jahre in Biel zwischen
1913 und 1920, alten
Bekanntschaften aus
Schulzeiten, aber eine
feste Verbindung ent-
wickelt sich daraus
nie.

«Das Sehnen

Das Fleisch, das Bier, das Brot,
das man verbraucht an allen Tagen,
wie soll ich dies nur hurtig sagen?
Du immer mich durchziehndes Sehnen,
wie Flüsse rauschen, Ebenen sich dehnen,
so mutet es mich an, und Frauen
gibt es, die mir zu schreiben sich getrauen,
sie seien mir einmal an einem lauen
Abende gut gewesen, ihre Briefe
atmen gemessne Kühle aus und Tiefe
des Denkens und Empfindens, sie
    vergaßen –
und, wie sie nun vielleicht am Nähtisch
    saßen,
erinnerten sie sich nach vielen Jahren,
wie sie bewegt von irgend etwas waren,
spielen gedankenvoll mit ihren Haaren.
Mein Sehnen, und das Sehnen aller andern
bunt durcheinander wandern.»
Juni 1928 im «Prager Tageblatt» (13,104 f.)

Während der Jahre,
die Walser in der Man-
sarde des Bieler Hotels
verbrachte, erschienen
etliche Prosabände von
ihm, schließlich auch
die längere Erzählung
Der Spaziergang (1917),
die Walser vermutlich
im August 1916 geschrieben hatte. Im Winter 1917/18
überarbeitete er den Text bereits gründlich zu einer Fassung,
die dann (mit dem Druckvermerk 1919) in dem 1920 bei
Rascher erschienenen Sammelband *Seeland* erschien. Während Walser zurückgezogen an diesem auch für ihn so be-
deutenden Text arbeitet, in geradezu abseitiger Umgebung,
herrscht überall sonst in Europa Krieg, der Erste Weltkrieg.
Draussen im Reich (B 105) arbeiteten die Autoren unter anderen historischen Vorzeichen. Auch Robert Walser wird
regelmäßig eingezogen, als *Füsilier* (B 92), Infanterist also.
Beschaulich geht es zu in der Schweizer Armee. An Frieda
Mermet schreibt der *Landwehrsoldat* (B 112) im Juli 1917: *Auf
dem Monti della Cima im Tessin, wo wir auf Wache stehen, d. h.
manchmal mehr liegen und herumfaulenzen als stehen, denke ich,*

liebe Frau Mermet, an Sie. (B 109) Gelegentlich fehlt es an ausreichender Verpflegung, doch am Wein, den Robert Walser außerordentlich schätzt, herrscht im südlichsten Kanton der Schweiz kein Mangel. *Ich war diesen Sommer im Tessin. Der Rotwein war nicht schlecht. Man trank ihn wie Milch, täglich anderthalb bis zwei Liter. Ja, es tut jetzt alles Kriegsdienst.* (B 116 f.) Das schreibt Walser an Hermann Hesse im Oktober 1917, als dieser sich für die deutsche Botschaft in Bern in der Kriegsgefangenenfürsorge engagiert. Walser ist der Dienst lästig, er kann nicht schreiben. Und der Krieg ist ihm auch ohne Entbehrungen gegenwärtig, häufig wünscht er sich den *Weltfrieden* (B 110), wie es in seinen Briefen nach Hause heißt. Die Texte, die er über den Militärdienst schreibt, erscheinen bisweilen verklärend, handeln sie doch davon, wie die Armee dem Einzelnen auch ein Zuhause sein kann. Aber sie geben auch unmissverständlich Auskunft darüber, unter welchen Bedingungen sich die ideologischen Vorstellungen nur erhalten können. *Was denkt ein Soldat viel so den ganzen Tag? Er hat ja überhaupt, damit das Ding klappt, das man Militarismus nennt, gar nichts oder absichtlich wenig zu denken.* (17,337)

Die historischen Entwicklungen nach 1918 hinterlassen Spuren in der Schweiz, ohne das Land, die schweizerische Gesellschaft wirklich zu verändern. Robert Walser verhandelt mit dem Rascher-Verlag über seinen neuen Band *Seeland* und nimmt beiläufig zur Kenntnis, dass auch die Schweizer Sozialisten aufbegehren. *Gestern nacht gab es hier auf dem Platz, wo ich wohne, eine Hunger-Demonstration, vorgeführt von Jungburschen und jugendlichen Damen, d. h. von Arbeitern und Arbeiterinnen, also eine politische Aktion mit Klavier, wollte sagen Damenbegleitung und mit Schwenken von schauererregenden roten Fahnen, die an Rußland und russische Zustände erinnerten.* (B 133 f.) Tagespolitik war Walser stets verdächtig. *Das Politische langweilt mich* (B 174), schrieb er noch Ende 1919 einem Schweizer Verleger. Die Demonstration in Biel und anderen größeren Städten der Schweiz richtete sich «gegen die Teuerung» und zielte auf «eine schärfere Rationierung der Lebensmittel».[55] In demselben Brief vom 30. Juni 1918 bittet Walser Frieda Mermet um Tee und Käse. Entbehrungen erfährt auch er. Aber politische Veränderungen sind ihm suspekt. Im November 1918 schreibt er seiner Freundin: *Besser für uns alle ist jedenfalls, wenn Ordnung und Ruhe im Lande sind, da werden Sie mir wohl gerne recht geben. Und die Arbeiterschaft soll einstweilen lieber arbeiten statt regieren zu wollen, wobei wenig Gutes herauskäme, da die Leute noch nicht geschult und kultiviert sind, wie es zur Besorgung wichtiger Dinge nötig ist.* (B 152)

Der Prosaband *Seeland* bedeutet Robert Walser viel. Dass der Verlag Huber & Co. das Manuskript zunächst liegen lässt, dann ablehnt, kränkt den Autor. Dem Verlag Rascher trägt er dann selbstbewusst seine Bedingungen für einen Vertragsabschluss vor, professionell war Walsers Umgang mit den Verlagen freilich schon immer. Anders ist aber jetzt, dass er ausdrücklich keine Illustrationen seines Bruders wünscht – ein Verzicht, den er verteidigen muss. *Seeland* eigne sich nicht zum Illustrieren, schreibt er im April 1918 an Rascher, *weil hier der Dichter s c h o n s e l b e r mit der Schreibfeder, mit den sprachlichen Worten – m a l t u n d i l l u s t r i e r t.* Die Hartnäckigkeit, mit der Robert Walser den Wunsch des Verlags nach Illustrationen zurückweist, erweckt den Eindruck, er wolle sich nun emanzipieren von seinem zu groß gewordenen Bruder. *«Seeland» ist zu vorherrschend geistig-gedanklich für Bildschmuck. Das Dichterisch-Denkerische ist zu d o m i n i e r e n d. Bilder und Wort würden hier einander eher stören, gegenseitig beeinträchtigen als helfen und heben.* (B 126 f.)

Der wenig erfolgreiche Schriftsteller macht dann erneut die Erfahrung, dass auch seine Arbeit den Marktgesetzen unterworfen ist. Der Verlag bestand auf Illustrationen und konnte Karl Walser dafür gewinnen. Auch bei der Wahl der Schrift – der Autor wünschte Fraktur anstelle von Antiqua – setzte sich der Verlag in Zürich durch.

Die zweite Fassung des *Spaziergang* zählt zu der Sammlung *Seeland* – es ist einer der bekanntesten Texte des Autors, einer der bedeutendsten ist er zweifellos auch. Bereits der Titel benennt das erzählerische Verfahren, das Prinzip der Darstellung nicht qualifizierter Wahrnehmungen. Der Icherzähler schwadroniert durch die Gegend, geradezu minuziös lässt er seine Leser teilhaben an seinen Schritten. *Ich teile mit, daß ich eines schönen Vormittags [...] den Hut auf den Kopf setzte, [...] um auf die Straße zu eilen.* (5,7) Was dann folgt, ist typisch für Walsers Prosa: die stilvolle Darstellung von Belanglosigkeiten. Dieser Widerspruch von Ton und Mitteilung ist eine Spielart von Walsers Ironie. Je gewundener sich der Text gibt, desto größer wird der Zweifel an der besonderen Form. Das ist Antiästhetizismus.

Dabei bleibt Robert Walser im Zeitalter der rasch wechselnden literarischen Moden und Stilrichtungen konsequent nicht zuzuordnen. Wobei die Moderne durchaus Spuren in seinem Werk hinterlässt. «Überragendes Charakteristikum von Walsers Poesie ist die Unvorhersehbarkeit des nächstfolgenden Satzes. Diese ist ebenso wenig zufallsbestimmt, wie sie aus unbeherrschtem Assoziieren stammt oder aus einer Abwandlung der Ecriture automatique der Surrealisten.» [56]

Der Spaziergang folgt dem Prinzip der Unvorhersehbarkeit. Er hat keinen anderen Zweck als sich selbst. Mit Francesco Petrarcas Besteigung des Mont Ventoux hat 1335 die Geschichte einer neuen Wahrnehmung begonnen – «in einem vom ‹Forschen und Wissen› unterschiedenen ‹besonderen Sinn›» ist Petrarca der Natur nahegetreten, er gehörte zu den Ersten, die «‹die Gestalt der Landschaft als etwas mehr oder weniger Schönes wahrgenommen und genossen haben›».[57] Damit ist der Spaziergang, die Wahrnehmung der Natur als Landschaft, zu einem Topos der Moderne geworden. An Schillers Elegie «Der Spaziergang» wird dann deutlich, wie der Spaziergänger am Ende des 18. Jahrhunderts die «Verdinglichung der Natur zum Objekt» als Voraussetzung für die Freiheit des Menschen wahrnimmt.[58] Zugleich zeigt das Gedicht, wie «der Spaziergang in die Natur […] zum Gang durch den Geschichtsprozeß» wird. «Dies ist die Reflexionsfolie für die Wanderung als Suche nach Identitätsräumen in der Offenheit der Landschaft, weil sie in der Geschlossenheit der Lebensräume des geschichtlichen Menschen verlorengegangen sind.»[59] Die vielen erzählten Spaziergänge in Walsers Prosa spiegeln zumeist im Anblick der Natur sich entwickelnde Erkenntnisprozesse. Aber ausgerechnet in dem Text, der den Spaziergang ausdrücklich zum Thema hat, werden die Grenzen dieser idealistischen Vorstellung von Weltaneignung anschaulich.

Zielt der vorgeführte Spaziergang schließlich doch auf das Naturerleben, so bleibt es dem Spaziergänger eigentlich verwehrt. Der Gang führt durch die Stadt, streift die Natur zunächst bloß und nimmt sie am Ende wahr in ihrer Funktion als Lehrobjekt. *In einem Erlenwäldchen, am Rand des Wassers, war eine Knaben- und Mädchenschule versammelt, und der Herr Pfarrer oder Lehrer erteilte inmitten der Abendnatur Naturunterricht und Anschauungslehre.* (5,74) Der Spaziergang selbst ist dem authentischen Erleben entfremdet und folgt den Anforderungen einer auf Ökonomie und Rationalisierung basierenden modernen Gesellschaft, wird zum Einkaufsbummel und Behördengang. Anstelle des unmit-

telbaren Erlebens tritt die Reflexion. Die Rechtfertigungs-
rede, die der Icherzähler dem *Herrn Taxator* im Amtshaus
hält, arbeitet ausdrücklich noch einmal mit der Programmatik der Aufklärung: *Höchst liebevoll und aufmerksam muß
der, der spaziert, jedes kleinste lebendige Ding, sei es ein Kind, ein
Hund, eine Mücke, ein Schmetterling, ein Spatz, ein Wurm, eine
Blume, ein Mann, ein Haus, ein Baum, eine Hecke, eine Schnecke,
eine Maus, eine Wolke, ein Berg, ein Blatt oder auch nur ein ar-
mes weggeworfenes Fetzchen Schreibpapier, auf das vielleicht ein
liebes gutes Schulkind seine ersten ungefügen Buchstaben geschrieben hat, studieren und betrachten. Die höchsten und niedrigsten,
die ernstesten und lustigsten Dinge sind ihm gleicherweise lieb und
schön und wert.* (5,51) Alles ist, alle sind gleich. Der Spaziergang selbst folgt freilich keinem geschichtsoptimistischen
Denken mehr. Dieser Text hat die geschichtlichen Möglichkeiten der Natur-, der Landschaftsaneignung durchgespielt.
Das Ich in Schillers «Spaziergang» konnte die Landschaft
noch als Fluchtraum wahrnehmen, als Gegenraum zu «des
Zimmers Gefängnis / Und dem engen Gespräch» [60]. In Walsers *Spaziergang* dagegen scheint selbst der Rest eines anderen angesichts der Natur verloren: *Erde, Luft und Himmel
anschauend, kam mich der betrübliche, unweigerliche Gedanke
an, daß ich zwischen Himmel und Erde ein armer Gefangener
sei, daß alle Menschen auf diese Art und Weise kläglich gefangen
seien, daß es für alle nur den einen finsteren Weg gebe, nämlich
in das Loch hinab, in die Erde, daß es keinen andern Weg in die
andere Welt gebe als den, der durch das Grab geht.* (5,76) Ein
Wahrnehmungs- und Erkenntnisraum ist ein für alle Mal
verlorengegangen. So jedenfalls endet *Der Spaziergang: Ich
hatte mich erhoben, um nach Hause zu gehen; denn es war schon
spät, und alles war dunkel.* (5,77)

Der Spaziergang ist als Reflex auf eine besondere Form
des Erzählens vermutlich der am wenigsten typische Text

des schreibenden Spaziergängers Robert Walser. Seine Texte handeln zumeist vom Unterwegssein, so ist das Erzählen «an der Bewegungsform des Spazierens orientiert»[61]. Im Innehalten des Erzählvorgangs, das sich durch autoreflexive Anmerkungen oder am Wechsel vom Präteritum ins Präsens zeigt, spiegelt sich das wenig zielgerichtete, sich gelegentlich selbst unterbrechende Gehen des Spaziergängers wider.[62] *Ich kam nämlich jetzt aus der Waldabschwenkung wieder in den Hauptweg zurück, und da hörte ich – – Doch halt! und eine kleine Anstandspause gemacht. Schriftsteller, die ihren Beruf verstehen, nehmen denselben möglichst ruhig. Sie legen gern von Zeit zu Zeit die Feder ein wenig aus der Hand. Anhaltendes Schreiben ermüdet wie Erdarbeit.* (5,32 f.) Der Kommentar des Schreibvorgangs ist ein Topos im Werk Robert Walsers, der sich um Gattungsfragen nicht bekümmerte, ist zugleich «eine Absage an die Vorstellung von einer in sich schlüssigen Werkgestalt»[63].

Der Spaziergänger unterscheidet sich vom Wanderer, vom Reisenden dadurch, dass ihm die Wege, die er geht, vertraut sind. Robert Walser, der so gern unterwegs war, blieb innerhalb vertrauter Grenzen, er hat nach seiner Rückkehr aus Berlin 1913 – abgesehen von einer kurzen Reise nach Leipzig und Berlin Anfang 1915 – die Schweiz nicht mehr verlassen. Das Land, die Landschaft, ist eine Bedingung seines Schreibens geworden. Er hat sich noch Jahre nach dieser letzten Rückkehr gern daran zurückerinnert. Im März 1916 schrieb Robert Walser an Frieda Mermet: *Am 15ten dieses Monates sind es drei Jahre, daß ich in der Schweiz bin. Es war vor drei Jahren fabelhaft schön für mich, in Basel auszusteigen und in den Jura hineinzufahren. Ich werde das nie vergessen.* (B 94)

Schweizer Autor

Am Ende des Kriegs und in den ersten Jahren danach verschlechterten sich auch in der Schweiz die wirtschaftlichen Verhältnisse spürbar, Lebensmittel wurden rationiert, immer häufiger bittet Robert Walser seine Freundin Frieda Mermet in Bellelay um Zusendung von Essbarem. Er ist arm. Am 8. Mai 1919 schreibt er an den Rascher-Verlag: *Wenn ich dieses Jahr noch die Dichterexistenz aufrechthalten kann, will ich froh sein, niemandem zürnen und hernach vom Schauplatz abtreten, d. h. in eine Stellung gehen und in der Masse verschwinden. Ich habe in den sechs Jahren meines hiesigen Aufenthaltes das Menschenmögliche an Sparsamkeit getan. Ich wünsche einem jeden, der mir das nachmachen will, viel Erfolg.* (B 168)

Robert Walser war während seines ganzen Lebens wenig auf seine äußere Erscheinung bedacht, jetzt aber ist sein Aussehen kein selbstbestimmtes mehr. Er «trägt die Garderobe eines Vaganten», geradezu mitleiderregend wirkt er auf Besucher: «Sein Anzug war fadenscheinig. Auf seinen Knien waren zwei große, mit rührender Hilflosigkeit von seinen eigenen Männerhänden aufgenähte Flicken sichtbar.» [64] Am Ende seiner zurückgezogenen Jahre in Biel verschärft sich die Grenzerfahrung seiner Existenz zur Krise. An die *Schweizerische Hülfs- und Kreditorengenossenschaft für Rußland in Genf* richtet Walser im August 1919 *ein Vorschußgesuch* (B 170). Seine Lage ist prekär, aber er möchte sich *noch behaupten, denn es handelt sich für [ihn] um Fertigstellung nicht nur eines Buches sondern [...] um säuberliche Ordnung [seines] gesamten dichterischen Werkes.* Es klingt wie ein Scherz und ist doch die verzweifelte Vorstellung vom Scheitern noch

Lisa Walser,
um 1910

des minimalen Rests, den jemand von seinem Beruf zu retten versucht: *Nächstes Jahr kann ich ja dann Wärter in Bellelay oder Kaiser von ich weiß nicht welchem Weltreich werden, oder in ein Büreau treten oder als Arbeiter in eine Fabrik gehen.* (B 170 f.) Hinzu kommt die Befürchtung, dass *die Schriftstellerei* nun auch vor seiner Schwester Lisa Walser *keine Gnade mehr finde*. Und die Meinung der Schwester muss ihm viel bedeutet haben. Nach dem Bruch mit dem Bruder war sie eine noch wichtigere Vertraute geworden. Tatsächlich schlägt sie ihm vor, *Wärter oben in der Anstalt*, in Bellelay, zu werden. (B 179 f.)

Im Winter 1918/19 schreibt Walser wieder an einem Roman. *Nach ziemlich langer Zeit, seit dem «Jakob von Gunten» ist mir wieder ein größerer poetischer, erzählender Zusammenhang gelungen* (B 154), heißt es in einem Brief an den Rascher-Verlag vom 12. Dezember 1918. Am 31. März des folgenden Jahres kann er das Manuskript absenden: *Tobold,*

129 Manuscriptseiten, eingeteilt in 35 Kapitel, die jedes für sich ein festes, präzises Gemälde darbieten. (B 165) Über den Text ist wenig bekannt, das Manuskript ist verlorengegangen. Was Robert Walser von dem Roman schreibt, zeigt immerhin, wie sich das Selbstbild des Schriftstellers verändert, er ist jetzt Schweizer Autor. Der Krieg hat seine Spuren hinterlassen. Ein Verlag in München interessiert sich für den Text, an Rascher jedoch schreibt Walser: *Ich will aber zuerst zu Ihnen kommen, weil ich grundsätzlich schon einem Schweizerhaus den Vorzug gebe, und im übrigen finde, der Roman gehöre in der Heimat verlegt und nicht im Ausland. Ich bevorzuge in Geschäftsdingen die einfache und stille Linie. Außerdem ist der Roman, trotzdem er stark ins Universelle klingt, eine schweizerische Arbeit, d. h. ein Werk schweizerischer Art.* (B 163) Bereits im Dezember 1918 hatte Walser geschrieben, dass *der Schauplatz* Zürich sei. *Es handelt von meinem frühen Erleben. [...] Der Held ist ein junger Mensch, Commis und Dichter. Dazwischen klingt viel Zeitgemäßes, Jetziges hinein.* (B 154)

Im September 1922 bemüht sich Walser noch einmal um einen Verlag für einen neuen Roman, *Theodor*.[65] Eine Lesung im März des Jahres in Zürich, im Literarischen Club, hatte ihn offenbar zu der Suche ermutigt. Es war aber der

Lisa Walser (1874–1944)
Lisa, die älteste Schwester Roberts, musste bereits früh die Verantwortung im Haushalt der Familie Walser übernehmen, denn ihre Mutter, die 1894 starb, war bereits in den Jahren vor ihrem frühen Tod psychisch krank. Lisa Walser blieb unverheiratet und wurde Lehrerin. Sie unterrichtete an verschiedenen Schulen, die meiste Zeit aber an der privaten Schule der Psychiatrischen Anstalt Bellelay im Jura. Robert Walser war oft bei ihr zu Gast, lernte in Bellelay auch Frieda Mermet, die Vorsteherin der Wäschereiabteilung, kennen. Lisa Walser kümmerte sich in besonderer Weise um ihren Bruder Robert, vor allem in den Jahren seiner psychischen Erkrankung. Im Januar 1929 brachte sie ihn in die Waldau. Und obwohl sie in den Folgejahren auch mit dem Gedanken spielte, Robert Walser bei sich aufzunehmen, sorgte sie 1933 gegen den Willen des Bruders für dessen Einweisung in die psychiatrische Heilanstalt Herisau.

Auftritt eines Autors, der nicht mehr wirklich infrage kommt. *In einem alten schönen Zunftsaal las Walser ³⁄₄ Stunden lang, indem [er] öfters ein bischen anhielt, um einen Schluck Rotwein zu trinken, worüber die Zuhörer hörbar räusperten und schmunzelten. Zuletzt gab es einigen recht sehr warmen Beifall.* (B 200) Der Maler Ernst Morgenthaler erinnerte sich später an diese Lesung. «Ich kam in einen kleinen, hell erleuchteten Saal, wo um einen massiven Tisch herum feierliche Herren saßen. Es waren lauter wichtige Gestalten, die wahren literarischen Kulturpfeiler von Zürich. Oben am Tisch saß ein rothaariger Mann in grauem grobem Kleid. Mit seinem zündroten Kopf und seinen roten Händen schien er mir schlecht in diesen Kreis zu passen. Es war Robert Walser, der alsbald ein Manuskript aufschlug und zu lesen begann. ‹Theodor› hörte ich noch als Überschrift, es klang wie aus weiter Ferne; dann versagte jedes Aufnahmevermögen. Ich hätte vom Inhalt dieser Vorlesung mit keinem Wort berichten können. Ich weiß nur noch, daß ich unsäglich gelitten habe. Ich kniff mich unterm Tisch ins Bein, damit der Schmerz mich wach erhalte. Ich tauchte den Finger in den Wein und rieb mir die Augen – weiß Gott was ich noch für Mittel ersann, um diesen Theodor, der nicht enden wollte, zu überstehen.» [66]

Der überlieferte Teil des Romans handelt von der Liaison des Titelhelden mit der Frau eines reichen Kaufmanns, die er in seiner Funktion als Sekretär einer Künstlervereinigung kennenlernt. Er wird nicht lange geduldet und schließlich vom zunächst toleranten Ehemann aus der Stadt gewiesen. Auch in diesem Romanfragment kehrt als typischer Topos in Walsers Werk die Stellensuche wieder, noch einmal, wie schon in seinem ersten Roman *Geschwister Tanner*, beginnt der Text mit einem Einstellungsgespräch. Aber die Vorzeichen sind andere jetzt, das Selbstbewusstsein, mit dem Simon Tanner den Buchhändler noch für sich einnehmen konnte, ist im *Theodor*-Roman nur noch das eingestandene Spiel desjenigen, der den *Posten, der mit Salär verknüpft ist, dringend nötig* hat.[67] Ob er dieses Mal geblieben wäre, ist ungewiss. Es war nicht seine Entscheidung, auch wenn Theodor sich am Ende dagegen wehrt, sich *wie einen Schulknaben abführen* zu lassen. Was er als richtig erkennt, ist nicht seine Wirklichkeit, bleibt vielmehr zurück als Frage: *«Bin ich nicht der Regisseur meiner selbst?»*[68]

Die wenigen Seiten des Romans, die 1923 in Max Rychners Zeitschrift «Wissen und Leben» mit dem Untertitel *Aus einem kleinen Roman* gedruckt worden sind, wurden von Lisa Wenger für den Schweizerischen Schriftstellerverein wohlwollend begutachtet. «Wahr» wirke darin, was «in Wirklichkeit» anders «geschehen wäre». «Sehr fein und seltsam ist das junge Mädchen gezeichnet, das Theodor seine Liebe anbietet und ihm sagt, daß sie nach Mann und Kind verlange. Man tut das nicht. Hat man aber die Szene gelesen, so bedauert man, daß man es nicht tut.»[69] Sein schwieriger Umgang mit den Mitmenschen hat den gesellschaftlichen Grenzgänger Walser geformt. Als Realitätsverlust mag das gelegentlich erscheinen. Seine Literatur hat von dieser Wahrnehmung profitiert. Die Wirklichkeit, die er kaum zu respektieren schien, wird in den Texten durch Verkehrungen einer Prüfung unterzogen. Die Erzählerin Lisa Wenger hat den Roman empfohlen, die Kategorie fehlte ihr noch. «Er ist eigenartig. Sein Verfasser denkt anders als alle.»[70]

Zu Beginn des Jahres 1921 zieht Robert Walser von Biel nach Bern. Er tritt hier eine Stelle als zweiter Bibliothekar beim Berner Staatsarchiv an, hat endlich wieder ein regelmäßiges Einkommen. Es ist ein ganz anderes Leben in der Großstadt, die Walser durchaus gefällt. *Die Gassen sind prächtig, nun, es läßt sich hier in Bern ganz nett leben.* (B 186) Aber auch die Le-

Bern. Kolorierte Postkarte, um 1920

bensform ist anders geworden. Er habe wenig mitzuteilen, schreibt er im Februar 1921 an Frieda Mermet. *Wer arbeitet, der erlebt eben herzlich wenig.* Die neue Stelle gibt ihm jedoch Sicherheit. *Immerhin freue ich mich, daß ich täglich arbeite, das gibt ein gutes Gewissen.* (B 185)

Die wichtigste Briefpartnerin in dieser Zeit ist weiterhin Frieda Mermet. Sie versorgt ihn mit Kulinarischem aus Bellelay, sendet ihm Wein, Wurst, Käse, Tee. Und sie ist die Empfängerin jener Sätze, die nicht aufgehen in dem Prosawerk dieser Jahre, von Privatem über die Schwester Fanny etwa oder alltäglichen Nachrichten über das Leben in Bern – ein *Motorradrennen*, eine *Hundeausstellung* –, von denen Walser behauptet, es seien *hervorragende Ereignisse* (B 188), und man merkt doch an der Beiläufigkeit seiner Mitteilung, wie wenig solche Ereignisse mit seinem Leben zu tun haben.

Frieda Mermet muss mittlerweile manches aushalten und tut dies mit Geduld. Die regelmäßigen Briefe des

Freundes sind weiterhin freundlich, gelegentlich albern. *Liebe gewaltige Frau, Erhabene Beherrscherin. [...] Meine Gesundheit ist ganz gesund, alle meine Krankheiten kranken und mein Geist grüßt Sie groß und geistreich und ist ganz voll von ich weiß grad nicht recht was.* (B 222) Walser trinkt gern; es mag sein, dass er betrunken ist, wenn er so schreibt. Briefe an seine Freundin enden gelegentlich auch so: *Ihr allzeit treues Hundeli Robert Walser.* (B 225) Und häufig schickt Walser Wäsche in die Lingerie in Bellelay, Anzüge zum *Aufordnen* (B 219), Strümpfe zum Ausbessern. Eine Zumutung sind gewiss die häufig wiederkehrenden Berichte über Frauengeschichten, Flirts sind es zumeist oder sollten es jedenfalls sein. Frieda Mermet selbst kommt offenbar nicht mehr infrage, auch wenn Walser wieder übers Heiraten nachdenkt. An den Maler Ernst Morgenthaler, bei dem er während seines zweiwöchigen Aufenthalts in Zürich im Frühjahr 1922 wohnte, schreibt er: *Und da ich nicht verheiratet bin, es aber eigentlich bald mal sein sollte, so glaube ich mich auf die Füße machen zu sollen, damit gelegentlich wahr wird, was längst Wahrheit sein sollte und ich eine Frau kriegte, kein leichtes Experiment, aber wohl auch kein allzu unmögliches und schweres.* (B 202 f.) Walsers Suche freilich scheint wenig zielgerichtet. *Anni W.* – Anni Walker, eine der zahlreichen Vermieterinnen in Bern – *hat mir zum Abschied noch alle Schande gesagt, ich sei ein Lümmel und Saucheib, der den Variétédamen nachlaufe. Wahr ist nur, dass ich einer Genferin, die im Variété singt, Artigkeit erwies.* (B 199) Das vertraut er Frieda Mermet an. Und über die Weihnachtsfeier in einer Gaststätte schreibt er Ende Dezember 1923 an seine Freundin: *Ich machte einen Karisierversuch gegenüber einer nacktarmigen M a d a m e, sie fühlte sich aber durch das, was ich sprach, eher bebenggelt als beschmeichelt oder beschweinigelt. Wahrheit kann sein, ich könnte ein wenig «voll» gewesen sein, aber der Rausch war ein durchaus verhaltener und vornehmer, d. h. weihnachtsabendmäßiger.* Und im selben Brief: *Früher gab es einen Grafensohn, der in die weite Welt zog, um das Fürchten gründlich kennen zu lernen; ich dagegen zottle hier umher, um zu lernen, wie eine Ohrfeige von Damenhand schmeckt. Noch blieb mein höchster, intimster Wunsch leider unerfüllt. Die Frauen respecktieren mich, ich bin ja auch in der Regel so galant wie kein Zweiter, nur der Weißwein macht mich frech, und daher bitte ich Sie höflichst, mich mit solchem zu verproviantieren.* (B 209) In Walsers Briefen herrscht zumeist ein anderer Ton als in seiner Prosa. Aber in den 1920er Jahren wird der Unterschied noch deutlicher, die Zartheit und Genauigkeit seiner kleinen Erzählungen unterscheiden sich sehr vom bisweilen geradezu polternden Gestus seiner Briefe.

In Bern entstehen Texte in einer Zahl wie nie zuvor. Die Mitte der zwanziger Jahre ist die letzte große Schaffensperiode im Leben Robert Walsers. Aber für die Texte findet sich kaum noch ein Verleger. Walser schreibt für die Feuilletons von Zeitungen wie die «Neue Zürcher Zeitung» oder die «Basler Nachrichten». Sein Umgang mit Herausgebern und Redakteuren wird schwieriger, er ist misstrauisch, vorsichtig, stets in Sorge um eine angemessene Bezahlung. Und ihm gefallen die Journale nicht immer. Efraim Frisch, dem Herausgeber und Redakteur des «Neuen Merkur», antwortet er auf die Rücksendung eines Manuskripts, der Zeitschrift hafte etwas *Verschlafen-Provinzielles* an. Es ist gewiss auch Kränkung dabei. Walser, dem die Publikationsorte – seine Verbindung zur Gesellschaft – zunehmend verlorengehen, wehrt sich mit dem Selbstbewusstsein, das er noch hat: *Entweder gibt sich der Herausgeber nicht Mühe genug, kluge Beiträge zu sammeln, oder er verfügt nicht darüber.* (B 191) Auch mit anderen Redakteuren führt Walser harte Verhandlungen, kann aber eigentlich nur noch verlieren. Dem Redakteur von «Wissen und Leben», Max Rychner, schreibt er im Herbst

Bern , Thunstr. 21 ^{I}

Mein unschätzbarer Herr.
Hoher Gönner.
eventuell   auch
teurer Freund.

[handschriftlicher Brieftext, teilweise unleserlich]

... Robert Walser.

Brief Robert Walsers an Max Rychner, Februar / März 1925

1923: *Wir stehen uns wie zwei Wildwestleute mit gespannten Revolvern gegenüber.* Dabei hat er Glück, kann sich später *über das Gelingen eines Geschäftes* mit Rychner freuen. (B 207) Aber die Isolation nimmt zu, im Juli 1924 tritt Walser aus dem Schweizerischen Schriftstellerverein aus.

1925 erscheint das letzte Buch, das Robert Walser selbst noch herausgegeben hat. *Die Rose* heißt die im Ernst Rowohlt Verlag erschienene Sammlung kleiner Prosaskizzen. Tatsächlich erscheinen die Texte wie die Bilanz eines literarischen Lebens. Auf die Titel prominenter literarischer Texte verweisen einzelne Überschriften – *Der Idiot von Dostojewski*, *Die Kellersche Novelle* –, von Lektüren ist also die Rede und von frühen Theatereindrücken. Beiläufig erscheinen dann Kindheitserinnerungen, programmatisch unter *Sonstiges*, keine Inszenierung und ohne Pathos. Der emotionale Gleichklang, der Beliebigkeitston ist eine Eigenschaft der meisten seiner Texte, auch der früheren. Die Ordnung seiner Texte, wenn sie die Kategorie überhaupt erlauben, erschließt sich nicht unmittelbar. Doch die Kindheitserinnerungen, die flüchtig hingeworfen, fügen sich in den bilanzierenden Gestus der Textsammlung.

In dem Band *Die Rose* entsteht das klarste Selbstbild, das Robert Walser je entworfen hat, es ist das abstrakte Bild einer einsamen Existenz, nirgendwo sonst hat er sich so entschieden gegen die Möglichkeit der Identifizierbarkeit verwahrt wie in dem Prosastück *Das Kind (III)*[71]. Jener bekannte Walser-Satz – *Niemand ist berechtigt, sich mir gegenüber so zu benehmen, als kennte er mich* (8,78) – steht hier und zugleich seine Erklärung. Das abstrakte Ich verbirgt sich hinter der Bezeichnung *Kind*, nach Verschlüsselungen sucht man sonst vergebens. Die Topoi aus Walsers Leben, Charakteristika seiner Person kehren wieder: der einstige Erfolg mit *dicken*

Karl Walsers
letzte Arbeit für
den Bruder:
Umschlag für
«Die Rose», 1924

Büchern, der Vorwurf der Trägheit jetzt, die Suche nach einer
Form des *Weiterlebens* (8,75), *rüpelhaftes* Benehmen, der *Un-
reifheitszug.* (8,76) Schließlich auch der schwierige Umgang
mit Frauen und der kritische Reflex auf die Möglichkeit von
Identität überhaupt: *Ich bin einer, der nicht genau weiß, was er
eigentlich ist.* (8,77) Ein Begreifbarmachen des Lebens durch
Abstraktion – das ist das Programm dieser Sammlung. Und
es ist kein Zufall, dass betont beiläufig im nachfolgenden
Prosastück *Zückerchen* noch *anzumerken* ist, *in einem Ichbuch
sei womöglich das Ich bescheiden-figürlich, nicht autorlich* (8,81).
Zu den letzten Stücken aus der Sammlung *Die Rose* zählt *Der
Einsame.* Es handelt von einer anderen Möglichkeit des Ichs.
Irgendwo liegen Seen, ich seh' sie schimmern. In den Alleen des

ungestörten Alleinseins flüstern die Blätter. Gemälde, Gedichte, die ich sah und las, leben im Augenblick auf. [...] Die Abwägung der Worte, das Ermessen ihrer Wirkung verlernt eher der Redende als der Schweigsame. Bäche mit silbernem Gesprudel rieseln entzückend über die Felswand der ruhigen Einbildung herab. Ich schätze eingebildetes Leben höher als wirkliches. (8,101)

Ein wiederkehrendes Thema ist die Arbeit des Schriftstellers. Wie ein Plädoyer für das abseitige Leben einer glanzlosen Dichterexistenz lesen sich manche Sätze. Und die Frage, die mitklingt, ist dabei gerade keine rhetorische: *Mir ist, als phantasier' ich hier gehörig, wofür mir Nachsicht vergönnt sei. Soll der Dichter auf dem Instrument seiner Einfälle nicht ebenso behaglich spielen dürfen wie zum Beispiel ein Musiker auf dem Piano?* (8,46 f.) Die Arbeit des Schriftstellers ist eine Grenzerfahrung: *Ich ging zur Schriftstellerei über, um sie nach und nach aufzugeben.* Dabei unterliegt sie der permanenten Selbstkontrolle. *Sieht das aber nicht nach Erinnerungenauskramen aus und könnte leicht im Druck sentimental wirken?* Und: *Aber was sind das für satzbildverunzierende Unannehmbarkeiten!* (8,47 f.) Das Ich des hier zitierten Prosastücks *Titus* arbeitet sich ab an den Möglichkeiten eines Daseins als Autor: *Von einer Genossenschaft zur Förderung der Dichtkunst zur Ablieferung eines neuen Manuskriptes aufgefordert, fegte, wedelte und lief ich in jedes Kaffeehaus, wo mir eine Dame herablassend genug vorkam, daß ich an ihr emporschauen konnte. Seither bin ich der bleichste und hochröteste Hingebende, nur schade, daß hohe Lieder der Liebe schon gedichtet sind und buchmäßig vorliegen; wie gerne kröche ich durchs Lieferantentürli in die Paläste der Literatur und dienelte mit Wonne.* (8,48) Hinter der Selbstironie solcher Sätze verbirgt sich die grundsätzliche Vorstellung vom Ende des Machbaren. Ein Signum der Moderne: Begrenzt scheint der Vorrat des Mitteilbaren, die Form des Mitteilbaren. So beginnt das Neue.

Robert Walser lebt geradezu trotzig gegen den Skeptizismus seiner eigenen Texte. Am ehesten mag sich noch folgende Stellungnahme aus dem längeren Stück *Eine Ohrfeige und Sonstiges* in sein Selbstbild fügen: *Schriftsteller sollen sich nicht darum, daß sie sich ans Großartige schmiegen, für groß halten, vielmehr in Kleinigkeiten bedeutend zu sein versuchen. Was dachte ich neulich darüber? Man müsse vom geringsten Gegenstand schön reden lernen, was besser wäre, als über einen reichlichen Vorwand sich ärmlich ausdrücken.* (8,54) In dieser Weise jedenfalls mühte sich Robert Walser noch jahrelang an der Wirklichkeit ab. *Schön* war das keineswegs immer, aber es blieb das Bemühen um eine besondere Form des sprachlichen Ausdrucks. Er hat gegen das Verdikt des endlichen Vorrats eine beinahe manische Schreiblust entwickelt.

Das Buch war ein Misserfolg. *Mein Büchlein «Die Rose» scheint mit Acht und Bann belegt worden zu sein* (B 254 f.), schrieb Walser dem Redakteur der «Prager Presse» Otto Pick zu Beginn des Jahres 1926. Seinem Publikum war Robert Walser längst fremd geworden, jetzt lässt auch das Interesse aufgeschlossener Redakteure nach. Als «Avantgardist» habe sich Walser mit den Texten dieser Sammlung erwiesen, urteilte Jochen Greven später. Er hob besonders den *Elefanten* und *Fridolin* hervor, «außerordentlich groteske und von allem früheren abweichende Stücke» – und er sah die «aleatorischen Montagen», die «über das Parodistische ins Absurde zielenden Erzählgänge».[72]

Robert Walser schreibt ungeachtet der sich häufenden Misserfolge weiter. Sein Stil ist ein anderer jetzt, er schreibt artifizieller. Metaphern, Allegorien häufen sich. Die schon vertrauten Synästhesien nehmen zu: *Die prinzipale Farbe um diese Jahreszeit ist natürlich grün, das bald leise, bald laut tönt, einen mit seiner jedesmaligen Besonderheit einladend, einem bekannt vorkommt und doch wieder neu anmutet.* Es sind Klang-

farben, aber auch Farbklänge: *O, was für rote, blaue Tulpen-*
klänge mir heute vormittag, ungefähr um halb zwölf Uhr, aus
einer unbekannten Villa in die Ohren hinabsprangen, -klangen
und -fielen, als wenn mir jemand, den ich nicht sah, der drinnen in
der Stube gestanden wäre, ein aus Herzbezauberungen bestehen-
des Geschenk zugeworfen hätte. Die Sache war aber die: es spielte
drinnen jemand Klavier. (18,7) Zitiert ist aus dem ersten Stück
der kleinen Prosasammlung *Aus dem Leben eines Schriftstellers*
(1926). Produktive Jahre folgen, Walser veröffentlicht seine
Texte weiterhin in Zeitungsfeuilletons, in der «Prager Presse» erscheinen die meisten, viele im «Berliner Tageblatt».

Die auch in Bern fortgesetzten langen Wanderungen –
Walser reist zu Fuß häufiger nach Biel, bis nach Genf ist
er gegangen – steigern die Sensibilität für Landschaft und
Natur, Farben und Geräusche, sinnliche Wahrnehmungen
draußen sind nicht mehr sonntägliche Ereignisse beim ge-
legentlichen Gang durch die Umgebung, sondern selbstverständlich gewordener Teil von Alltäglichkeit, von Wirklichkeit. Das Nebeneinander von Wanderer und Natur hebt den
Subjekt-Objekt-Bezug auf. *Die Wiese links und rechts vom Weg*
lächelte mich zart aus. Sie war noch nicht sattgrün, eher erst grün-
lich, und in dieser Grünlichkeit lag Spöttelei. (18,20)

Die poetischen Bilder werden abstrakter, Porträts geraten zur Karikatur, wie dasjenige eines Kaufmanns: *Er hatte*
stets eine Zigarre im Mund, und diese Zigarre offerierte und er-
warb jeweilen, schloß Verträge usw. ab, setzte Preise fest. Seine
Zigarre tat das, nicht er, und doch war's natürlich wieder nur er
und sonst niemand anders, der es tat. (18,26) Und Walser bricht
auch sonst mit den vertrauten Wahrnehmungsmustern,
wenn er etwa über einen Theaterbesuch schreibt, als sei er
mit einer Art ‹Publikumsbeschimpfung› in den siebziger
Jahren angekommen. *«Du verstehst uns nur halb»,* rief mit ein-
mal die Tänzerin oder Schauspielerin aus, die vorn an der Ram-

pe der Bühne agierte, indem sie aus ihrer Rolle ins Menschliche,
Persönliche zu fallen schien, und indem sie sich an mich wandte,
was mich natürlich sehr verwunderte. Für mich war's etwas Zau-
berhaftes. Mir war, als wäre ich da in einen Roman verwickelt,
aus dem es kein Heraus mehr gäbe, als befände ich mich als Er-
zählungsfigur in einer Geschichte. (18,22) Wie der Icherzähler
dieser Prosaskizze dann von der Bühne zu sich auf die Tribü-
ne hinauf gesagt bekommt, er verkörpere *die ausgedehnteste*
Unbedeutendheit der Welt (18,23), ist der Versuch erkennbar,
die Möglichkeiten der Literatur für vielfache Spiegelungen
auszuloten.

1926 arbeitet Robert Walser noch einmal an einem Roman, «Das ‹Tagebuch›-Fragment von 1926»[73] entsteht. Im
Unterschied zu den Romanen *Jakob von Gunten* und dem
nur noch zum Teil überlieferten Roman *Theodor* handelt
es sich bei diesem Text nicht um «deutlich konzipierte Fiktion», sondern «eher um den Versuch, aus der Gattung des
‹Berichts› eine Großform zu entwickeln».[74] Es ist die fiktive Entstehungsgeschichte eines Romans, wie auch sonst
schon oft in Walsers Werk die selbstreflexive Beschreibung
eines Schreibvorgangs. Texte, Romane ergeben sich beinahe
zwingend und beiläufig dann, wenn das Schreiben eine Lebensform ist. *Ich finde z. B., daß das Schreiben gleichsam Hand*
in Hand mit dem Leben geht; es ist mit ihm verflochten. (18,64)
Robert Walser kennt die Gattung, hatte längst Erfolge mit
ihr, damals in Berlin. Aber sie lässt sich jetzt offenbar nicht
ungebrochen reproduzieren, der Stoff, die Ausbreitung äu-
ßerlichen Lebens, ist – anders als sonst – nicht der primäre
Anlass des Schreibens. *Zunächst scheine ich um eines weib-*
lichen Vornamens willen in nicht unerheblichem Zweifel zu sein.
Es handelt sich um Benamsung einer «Heldin». Irgendein anderer
Autor würde sich vielleicht deswegen beunruhigt fühlen. (18,63)
Es gibt im Leben und Schreiben Robert Walsers diese ‹Un-

ruhe› nicht mehr. Er hat sich wie der fiktive Schriftsteller seines Tagebuchromans jeglichen Formzwangs enthoben. Die Sicherheiten sind vage – *eine Geschichte* solle es werden, kein *Essay* –, der Zweifel ist groß: *Ob wohl die Grundlage, das Fundament, das Gerüst für den ruhigen, sorglosen Aufbau schon vorhanden sein mögen?* Und schließlich die Antwort in Walsers Beliebigkeitston: *Bricht die Geschichte zusammen, so würde ich mir halt sogleich irgend etwas anderes, etwas Neues vornehmen.* (18,65)

Der Stoff ist das Leben in Bern, Inhalt dieses Prosafragments bleibt der Schreibvorgang selbst: *Nichtsdestoweniger fahre ich mit vielleicht überhaupt noch nie dagewesener Unerschrockenheit im Berichterstatten oder Erzählen fort und teile zunächst formell oder rein prinzipiell mit, es sei meine Meinung, daß eine Novelle eher in der Lage sei, Einbildungshaftes, Erfundenes zu vertragen als ein Wirklichkeitsbericht, dessen Wirkungen an genaue, wahrheitsgetreue Angaben geheftet zu sein haben. Letzteres ist mit gegenwärtigen Bemühungen der Fall.* (18,69) Das Erzählen ist weiterhin geprägt von außerordentlichem Stilwillen, wirkt dabei aber zunehmend umständlich, gespreizt bisweilen, gelegentlich auch prätentiös. Und eine Konstante in Walsers Texten dieser Zeit ist – nicht allein in diesem Romanfragment – die Häufung von Ankündigungen; es sind Stoffelemente, die nur gelegentlich wiederaufgenommen werden, blinde Motive zumeist, die nicht mehr der Ablenkung oder Irritation dienen, sondern den sukzessiven Verlust des Erzählgegenstands markieren. Die Texte verweigern sich dem Prinzip der Linearität, spiegeln so das Bewusstsein von Orientierungslosigkeit, Chaos. Die Romankrise der Jahrhundertwende, die Entwicklung des modernen Romans im 20. Jahrhundert – ausgehend von dem Verlust einer erzählbaren Ordnung, wie sie im 19. Jahrhundert immerhin noch möglich war – bekommt in den Texten Walsers die Konse-

Aus dem Leben eines Commis.

Anfang des Manuskriptes «Aus dem Leben eines Commis»,
1928 / 29

quenz eines pathologischen Befunds. Es ist nicht allein die immer deutlicher wahrnehmbare Verstörung des Autors selbst, die bei der Fixierung von Bewusstseinsinhalten zunehmend genauere Konturen bekommt, es ist vielmehr ein komplexes System von Leben und Schreiben. Die Befindlichkeit des Schriftstellers ist eine Entstehungsbedingung seiner Texte, aufgehoben beides in einer Gesellschaft, in der das Individuum zunehmend an Grund verliert: *Arbeitslosigkeit, Wirtschaftsnot* (18,60) – gleich zu Beginn des Tagebuch-Fragments werden die neuen Signaturen der Zeit abgerufen, aufgenommen in diesem Text, der sich zu einer keineswegs nur persönlichen Bestandsaufnahme entwickelt hat.

Es ist zu einem Merkmal des modernen Romans geworden, dass die Linearität epischen Erzählens verlorengegangen ist. Was bei Walser noch deutlicher wird, ist die Enthierarchisierung des Erzählgegenstands, es ist nicht mehr das Individuum, das die Handlung bestimmt, nur seine Wahrnehmung noch. Bedeutsam wird zunehmend auch das Objekt, wenn der Icherzähler des Tagebuch-Fragments ganz unvermittelt über die Bedeutung von *Licht und Luft und Helligkeit [...] für Häuser* reflektiert oder über *unnötige Nippsächelein*, die *auch nur so eine Art Erhalter und Aufbewahrer ungesunder Luft sind, weil sie vielfach in ihrer schnörkeligen Niedlichkeit staubig bleiben.* (18,71)

Die Nebenwege im Erzählverlauf sind typisch für Walsers Prosa. In diesem späten Romanfragment aber wird deutlicher noch als zuvor die Illusion von Fiktionalität zurückgewiesen, wie der Erzähler immer wieder auf sein Handwerk, das Gemachte verweist: *Bilden solche Zwischenbemerkungen für mich etwas wie Ausruhegelegenheiten oder etwas wie Brücken, die ich über die Momente, wo mir vielleicht gerade nichts Neues mitzuteilen einfällt, tiefbaumeisterähnlich wie über Flüsse schlage, die überbrückt werden müssen, wie man es in der*

*moralischen Ordnung bei vorkommender Unartigkeit, Störrisch-
keit zu tun pflegt?* (18,71) Die Metaphorik ist deutlich genug,
Text und Kontext bedingen einander: ein Bild für die un-
bestrittene Fragmentarizität des Schreibens, aber auch der
Ordnung schlechthin.

Das ist nicht die in der Forschung vielfach themati-
sierte Rückkopplung der Texte Walsers an das schreibende
und reflektierende Ich, sondern eine permanente Reflexion des Verhältnisses von Fiktionalität und Wirklichkeit.
Nachdrücklich wird von dem Text behauptet, dass er *auf
absolutestem Eigenerleben fußen muß,* zugleich aber sei der
so entstehenden *Kette von Erlebtheitserscheinungen* der *denkbar statthafteste Ausdruck* zu *verleihen. In meinen Augen,* so
der Icherzähler, *ist nämlich die Pflicht, sich beim Schreiben von
Selbsterlebtem einen gewissen, erträglich scheinenden Zwang in
bezug auf Form usw. aufzuerlegen, etwas ohne weiteres Annehm-
bares.* (18,76) Diese Selbstreflexion des Autor-Erzählers im
Text führt schließlich zur Aufgabe der Illusion von Fiktionalität schlechthin, weil sie als formgebundene und somit
konstruierte Wirklichkeit erscheint, die wiederum nur als
geformte überhaupt noch rezipierbar ist. Literatur und Leben sind Teile eines Systems, in dem die Grenze zwischen
Konkretion und Abstraktion zunehmend verblasst. Unter
solchen Vorzeichen wird die Frage der Gattungszugehö-
rigkeit müßig. Kein *Roman,* so heißt es schließlich im ironischen Selbstkommentar, sondern *eine sich in angemessene
Länge ziehende Kurzgeschichte* (18,76) werde geschrieben. Die
Form entwickelt sich im Schreibprozess.

Robert Walser, Schweizer Autor – zu Beginn seiner Jahre
in Bern war dies der erneute Versuch einer Identität. Aber
er bleibt der Ruhelose. Unzählige Male wechselt er seinen
Wohnort in der Stadt. Gelegentlich mag er sich mit seinen

Vermietern überworfen haben, aber im Grunde ist es eine Unruhe, die ihn jedes Mal forttreibt, die Suche nach einem Ort, der gar nicht räumlich zu denken wäre. Robert Walser, gebürtiger Bieler, bewegt sich ohnehin auf der Grenze zwischen zwei Sprach- und Kulturwelten. Nicht zufällig schreibt er gelegentlich französische Briefe an seine Freundin Frieda Mermet. *N'est ce pas, je suis un vrai vagabond, parceque je change si rapidement mes pensions? Mais cette manière de vivre me fait plaisir.* (B 203)

Andere Versuche, einen Fixpunkt im Leben zu finden, verraten die Briefe. Walser hat Guy de Maupassant gelesen, auch Marcel Proust, ist begeistert *vom Atem seines vorzüglichen Geistes.* Und er nimmt die Lektüre zum Anlass, über Prousts *verbindlichen europäischen* und seinen *gesunden französischen Geist* zu sinnieren, und fühlt sich, resümierend, in seinem *Deutschsprachtum auch ganz wohl, Deutschland ist eben einmal etwas ganz, ganz anderes als Frankreich.* (B 231) Robert Walser weiß zeitlebens nicht, wo er hingehört. Eigentlich ist dieser ruhelose Spaziergänger zwischen den Sprachen und Nationen ein Europäer. Aber die 1920er Jahre, wie sie sich ihrem Ende nähern, sind keine Jahre für Kosmopoliten. Es ist auch die Krankheit der Zeit, der gärende Nationalismus, an der Robert Walser zunehmend leidet.

Der Europäer heißt eines der sehr späten Prosastücke, die in Bern entstehen. Es erscheint im Februar 1930 in der Zeitschrift «Sport im Bild» und ist, wie der Titel bereits ahnen lässt, ein Erzählstück in der dritten Person. Überhaupt verzichtet Walser in dieser Phase seiner schriftstellerischen Arbeit häufiger auf das «Ich» in seinen Texten. Daraus ergibt sich keine andere Erzählperspektive, personal wird weiterhin erzählt, der Fokus bleibt auf die Wahrnehmung und das Bewusstsein der einzelnen Figur reduziert. Aber der Gestus verändert sich, der Versuch einer faktisch unmöglichen

Distanz ist erkennbar, bilanzierend wirkt der Text vielleicht auch, weil die Geschichte ihres Verfassers bekannt ist. Aber der Stoff ist es ebenfalls. Von dem *Europäer* wird erzählt, dass er sich eine Stadt als Wohnort gesucht hatte, *die sowohl eine Universitäts- als auch eine Bahnhofstraße besaß und als Europäerlager weit und breit bekannt zu sein das Vergnügen hatte und den holden Vorzug genoß. Hier siedelte er sich also an, um sich wohlaufgehoben vorzukommen, der sich von Tag zu Tag leider nur allzu europäisch vorkam.* (20,288) Europa ist hier auch ein Heimatbegriff, die Metapher für einen Ort, den man sich groß genug vorstellen möchte, damit man sich noch möglichst frei darin bewegen kann. Politisch konnotiert ist diese Metapher freilich zudem, ungewöhnlich im Werk dieses vermeintlich so unpolitischen Autors. Was in dem Prosastück vom *Europäer* erzählt wird, ist das Zeitgefühl des bürgerlichen Intellektuellen im noch melancholischen Vorgefühl einer großen Katastrophe. *«Europa», sprach er vor sich hin, «warum glaubte ich an dich und warum fand ich das anziehend und vielversprechend: Warum kann ich dich nicht verlassen?»* (20,289) Robert Walser, der sich nicht gern mit Dingen umgab – selbst Bücher lieh er sich lieber, als dass er sie kaufte –, auch weil die Gegenstände ihn unnötig beschwerten bei seinen unzähligen Umzügen, verzichtete auf eine mehr als funktionale Einrichtung seiner Wohnräume. In Biel, wo er es einmal am selben Ort jahrelang ausgehalten hatte, war an der Wand lediglich «mit Reißnägeln eine billige Karte von Europa befestigt»[75].

Der Bleistiftler

Immer entschiedener wird Robert Walsers Rückzug aus dem gesellschaftlichen Leben in den letzten Jahren seiner schriftstellerischen Tätigkeit. Er ist jetzt nur noch Zuschauer, auch Erfinder. Er publiziert immer weniger und schreibt so, als rechne er gar nicht mehr mit Lesern. Und seine Schrift verändert sich, erscheint minimalisiert, als gelte es, sie und mit ihr den Schreiber zu verstecken. Mit der unlesbar werdenden Schrift folgte Walser wohl dem Bedürfnis, sich «vor seiner Alltagsumgebung, etwa neugierigen Zimmerwirtinnen, in ein für normale Augen nicht mehr zugängliches Reservat zu verbergen, vermutlich mit einem geheimen symbolischen Ausdruckswillen oder gar Audruckszwang. In der Mikrografie materialisierte sich gewissermaßen die im Werk so oft angesprochene Maxime des Sichkleinmachens um der Freiheit willen. Das bis an die äußerste Grenze der Lesbarkeit zurückgenommene Schreiben beschützte und bewahrte die bedrohte Kreativität, erlaubte ihr, ihre Souveränität gegenüber gesellschaftlichen Mächten und Verstrickungen zu behaupten.»[76]

Spätestens mit seinen Mikrogrammen hat Walser sich in die paradoxe, weil dann doch endende Grenzenlosigkeit hineingeschrieben. Konturenlos ist das Spätwerk, aber nicht ohne Struktur. Die Texte lassen sich den denkbaren Mustern nicht mehr zuordnen, reflektieren sie aber durchaus. Sie sind darin radikaler als die Prosaarbeiten der früheren Jahre und ihre logische Konsequenz. Für die späten Texte Robert Walsers, die in ihrer Unübersichtlichkeit mühsam gesichteten, sorgfältig von Bernhard Echte und Werner Morlang

Ausschnitt aus dem Mikrogramm Nr. 184 Robert Walsers in Originalgröße

edierten «Mikrogramme», gab es kein intendiertes Ziel. Aber es gab ein geschichtliches.

Walsers Mikrogramme sind «Ausdruck seiner einmaligen Individualität und Schriftgestalt einer ins Mikroskopische gehenden Selbst- und Menschenschau»[77]. Die kleinen Prosastücke aus der Berner Zeit thematisieren mehr noch als die vorausgegangenen Texte das Unvermögen des Dichters, die Wirklichkeit anders als schreibend zu begreifen. Zettel und Bleistift werden in den zwanziger Jahren zu den Insignien des Menschen Walser, Zeichen seiner einzig schreibend noch herstellbaren Beziehung zur Welt, Ausdruck der Würde eines Individuums, das sein Leben zunehmend an die Rolle des Zuschauers delegiert – Wirklichkeit beobachtend oder imaginierend. Dabei bekommt selbst der Schreibvorgang eine ausgestellte Bedeutung. Walser schreibt seit 1917 etwa nur noch mit dem Bleistift, so wird schon der Schriftzug brüchig, latent konturlos, scheinbar flüchtig. Das Geschriebene behauptet Vorläufigkeit. Es ist Walsers *Bleistiftsystem* (B 300).

Die Gedanken provozieren bei Robert Walser ein Hingeschrieben-werden-Wollen. In den Texten selbst wird das Verfahren reflektiert. *Immer entsann sich der Autor an irgend etwas. Schwellende Frische tauchte auch aus dem Sprachmagazin und Wortlaboratorium auf, und ich stand mitten unter Zuschauern, ließ einen langen Kostümzug an meinen Blicken vorbeiziehen.* (MG 1,57) Der Wechsel der Person schafft eine dritte Erzählebene, die schnell wiederkehrende Unmittelbarkeit der vom Ich geschaffenen Wirklichkeit wird für einen Moment distanzierend gebrochen. Als Mittler zwischen den Ebenen erscheint schließlich das *man: Ach, man ist immer mitten in einem unverfrorenen Plagieren begriffen, wenn man dichtet.* (MG 1,58; *plagieren* ist die schweizerdeutsche Ableitung von frz. «blaguer» und heißt so viel wie «aufschneiden», «ange-

ben», «prahlen», MG 2,533) Der Dichter als ‹Angeber› also:
Weil er Wirklichkeit vorgibt, die er nicht gelebt hat.

Die Selbstverständlichkeit, mit der das Ich der späten
Texte, der Mikrogramme, mit Robert Walser identifiziert
wird, verblüfft spätestens da, wo selbst das Inkommensu-
rable wenigstens als Anmerkung in die ‹richtige› Ordnung
gezwungen wird. Heißt es doch gleich in der ersten Anmerkung der Herausgeber zu den Prosaskizzen, die Zeitangabe,
die im Text steht, sei «wie fast immer […] ungenau». Und
auch der Dienst, der im ersten Stück erwähnt wird, stimme
nicht mit Walsers tatsächlicher Arbeit am Staatsarchiv des
Kantons Bern überein.[78]

Robert Walser spielt mit der Sprache, scheinbar respektlos, wie er gelegentlich auch Nonsens produziert. *Ich schlafe
so brav. Ich glaube, ich kann sagen, ich sei im Schlaf das reine Schaf.*
(MG 1,14) Reimwörter kehren dann immer wieder, produzie-
ren Irritationen in ihrer vordergründigen Sinnlosigkeit. Das
Prosastück *Bedeutende Menschen nennen mich ein Kind*[79] (MG
1,28–32) dagegen fällt auf in seiner offensichtlichen Struktur – eine Rahmenhandlung, die *gestiefelte Nacht*, und Mi-
niatur-Binnenerzählungen, *eine Zirkusvorstellung*, dann ein
Traum: ein konventionelles Erzählmuster, ungewöhnlich in
einer Sammlung des vermeintlich beliebigen Mitteilens. *Ich
hätte da also eine Zirkusvorstellung zu erwähnen und vom Inhalt
eines Traums Bericht abzulegen.* Eher schon als Bekräftigung
der Struktur denn als Einspruch dagegen erscheint dann wie
belanglos hingeworfen der Satz: *Ein Fußballmatch brachte unserer Stadt stattliche Einnahmen.* (MG 1,31)

Was den Texten einen Zusammenhalt gibt in ihrem
Hingeworfensein, sind die wiederkehrenden Themen. Mäd-
chengeschichten und Wahnsinn (*Das Lachen schüttelte mich
förmlich, was nun eben ein bißchen wahnsinnig aussah.* MG 1,33)
sowie Reflexionen über das Schreiben. Und Motive wieder-

holen sich, Versatzstücke einzelner Prosatexte werden neu geordnet. Die nächtliche Begegnung mit aufmarschierenden Korpsbrüdern hinterlässt Eindruck, wird nachdrücklich fixiert: Ist zunächst die Rede von der *Mondscheinnacht [...], die von der entsetzlichsten Stiefelei belebt war* (MG 1,28), so wird beiläufig in einem späteren Prosastück der *schuhwichsigen Wundernacht* (MG 1,34) gedacht. Die Uniformiertheit der aufmarschierenden Studenten erscheint ins Überdimensionale gesteigert, weil der *Wichs [...] beinah zu sehr glänzte*, die *Bestiefelung [...] meterhoch* war: *Noch nie, seit ich lebe, sah ich dergleichen. Und die Hergestiefelten schlugen überall, wo sich ihnen hiezu Gelegenheit darbot, die Stiefelabsätze klangvoll nebeneinander, mit einer mich sowohl wie meine Mitmenschen beglückenden Präzision.* Unmotiviert, ja grotesk erscheint der thematische Bogenschlag dann, wenn die Stiefel der Korpsstudenten eine Assoziation zu Moritz Stiefel, einer der Hauptfiguren in Wedekinds «Frühlings Erwachen», herstellen. Aber gerade weil er so herbeigezwungen wirkt, erscheint der Bezug bedeutsam: Geschichte wird wachgerufen beim Anblick der Marschierenden, und Geschichte erzeugt Nachdenklichkeit. *Als ich die bekannte Gerichts- oder Lehrerzimmerszene vor Jahren im Reinhardttheater zu Berlin sah, lachte ich wahnsinnig. So geht es: man lacht, bis der Ernst dran ist. Vielleicht ist von uns allen um's Jahr 1910 zu viel gelacht worden.* (MG 1,34) Unaufgelöst bleibt der Zusammenhang. Aber die Gedankenkette fällt auf, weil sie das Augenblickshafte zur Geschichtlichkeit erweitert.

Robert Walsers Texte sind manchmal eine Zumutung. Das wilde Assoziieren, die Wortketten, Komposita wie *gefühlsedelsteinübersät* (MG 1,80), die zahlreiche Neologismen schaffen – es sind Sprachexperimente, an denen man nicht immer beteiligt sein will. Und sie geht auch nicht immer auf, die Formel für eine Poetik, die in einem der späten Pro-

sastücke so bezeichnet wird: *Selbstverständlichkeiten zu Uner-*
hörtheiten auseinanderspannen. (MG 1,90)

Unter den Mikrogrammen fallen die Texte auf, welche
die besonderen Eigenschaften von Walsers Prosa erkennen
lassen: die Reflexion des Schreibens als Selbstvergewisserung, die Visualisierung von Stimmungen, das Nebeneinander von Wahrnehmungen nicht als willkürliches Assoziieren, sondern als Eingeständnis einer Ungeordnetheit des
Lebens. *Wie kann man Stimmung machen?* (MG 1, 79 – 81) beginnt eines dieser Prosastücke. *Wie kann man den Mut haben,*
dem Leser zuzumuten, sich zu merken, wie es ringsum schmetter-
lingshaft still und vor Lautlosigkeit ganz zauberhaft war? Es ist
behutsamer Expressionismus, der gelegentlich in Walsers
Texten herrscht. Die Natur ist nicht ästhetisierter Umraum,
bunt bebildertes Dekor, sondern subjekthafter Ausdruck:
Wie lag und summte eine Fabelhaftigkeit, eine an's Vorweltliche
erinnernde Leblosigkeit im Tannenzwischenraum, worin eine
Blume schrill aufschrie, gespensterhaft bewegungslos tanzte. […]
Weißes Schmetterlingspack flatterte über ein sehr angesehenes
Volk von zarten Gräsern, und die Blume gefiel sich in einem nicht
endenwollenden wilden Schweigen, von dem zu sagen ist, daß
es eine höchste und sicher auch wertvollste[80] *Sehnsuchtssprache*
führte. Sie hing ein bißchen vornüber, als fühle sie sich müde. (MG
1,79) Robert Walser will der fühl- und fassbaren Wirklichkeit schreibend auf den Grund gehen. Dazu bedarf es des
Sprachexperiments, des Ausschöpfens aller rhetorischen
Mittel. *Wildes Schweigen, Schmetterlingspack* – das Paradox
und immer wiederkehrende Wortschöpfungen durch neue
Komposita zählen dazu. Stofffülle weisen die Prosastücke
auf, Handlungsfetzen sind es zumeist, selten wird später wiederaufgenommen, was einmal zu erzählen begonnen, dann
aber abgebrochen worden ist. *Am See aber steht ein Haus, von*
einem Schneider bewohnt. Der Ertrunkene umklammert mit toten

Händen die kühle Flußmasse, die ihm in den Leib gedrungen ist.
Still brennt und taumelt und lechzt und wankt die Blume wie eine
erstmals Geküßte, und ich möchte die Magd im blattpflanzenge-
schmückten Herrschaftshaus sein, um mich der dort wohnenden
Tochter zu nähern, für die ich eine wundervolle, gefühlsedelstein-
übersäte Schwäche habe. (MG 1,80)

Walsers Prosa sind Sprachspiele, aber auch Spiele
mit den Genres, den Gattungen. *Drei tragische Geschichten*
werden erzählt, und schon die erste verweigert sich dem
Muster, kreiert eine neue Form des Unernstes. Durch den
Kriegsverlauf ist ein italienischstämmiger deutscher Soldat in seiner nationalen Identität so tief erschüttert, dass er
sich umbringt. *Und so warf er sich aus dem Fenster des dahin-*
sausenden Zuges, nicht bevor er es heruntergelassen hatte, denn
wenn er das nicht zuerst getan hätte, so würde ihm der erlösende
Sprung unmöglich haben glücken können. Die Soldaten nahmen
ruhig und unter Wahrung ihrer guten Haltung von Galoppadis
Verfahren gegen seine Unzulänglichkeit Notiz. Auf solche Art en-
dete ein Aufschwungsdasein und eine Erfolgsexistenz. Gleichsam
also Knall auf Fall. (MG 1,92) So endet die erste der *tragischen*
Geschichten: respektlos gegenüber der Form, aber ebenso gegenüber der Geschichte, deren Kriege ihrer Tragik enteignet
werden, damit auch ihres Pathos.

Wie wenig sich Robert Walser in seinem Schreibge-
schäft noch irgendeiner Ordnung zu fügen bereit ist, be-
weist auch das Material, auf dem die Texte dieser späten Jahre überliefert sind – in jenem Schuhkarton, den Carl Seelig
im Frühjahr 1937 von Lisa Walser erhalten hat. «Auf einem
Blatt können, wenn es groß genug ist, also mehrere Texte
unterschiedlicher oder auch gleicher Gattung horizontal
oder vertikal angeordnet sein, in miteinander mehr oder weniger verschachtelten Spalten und Teilflächen.»[81] Vielfältig
sind die Blätterarten, ist die Herkunft der Zettel, die Walser

Ernst Rowohlt Verlag · Berlin W 35

POTSDAMER STRASSE 123ᴮ · AN DER POTSDAMER BRÜCKE

FERNSPRECHER LÜTZOW 4931

*

Sehr geehrter Herr!

Wir erlauben uns, Ihnen in der Anlage ein Exemplar des Werkes:

Albert Ehrenstein, Lubien

er ort ..., ...

zu übersenden. Sie würden uns sehr zu Dank verpflichten, wenn Sie diese Neuerscheinung unseres Verlages in einer Ihnen nahestehenden Zeitung oder Zeitschrift besprechen würden und uns zwei Belegexemplare der Besprechung zugehen ließen.

In vorzüglicher Hochachtung
ergebenst

ERNST ROWOHLT VERLAG

Mikrogramm Nr. 147b Robert Walsers auf einem Rezensionsbrief
des Ernst Rowohlt Verlags

beschreibt; es scheint beinahe, als folge sein Schreiben dem Zwang des Be-Schreibens, freie Papierflächen werden zum Anlass schriftstellerischer Arbeit: Ränder von Druckfahnen, Kuverts, Streifbandumschläge, Steuerformulare, Telegramme. Erst spät, in den allerletzten Jahren, seit seinem Aufenthalt in der Heilanstalt Waldau (1929–33), verzichtet Walser darauf, all diese Blätter und Zettel bis an den äußersten Rand vollzuschreiben.

Robert Walser verschwindet mit seinen Texten mehr und mehr aus der Wahrnehmbarkeit; mit bloßem Auge unentzifferbar ist, was jetzt entsteht. Die durchschnittliche Größe der Schrift beträgt zunächst noch zwei bis drei Millimeter, zuletzt «höchstens ein bis zwei Millimeter». «Walsers Schrift auf den Manuskripten ab 1926 wird kontinuierlich kleiner und nähert sich einem Bereich, wo kaum noch vorstellbar ist, dass er selbst sie ohne Brille oder Lupe lesen (und schreiben) konnte.»[82]

Dieses allmähliche Verschwinden der Texte ist zugleich der Beginn eines langen Abschieds ihres Verfassers. Die Briefe nach 1925 zeigen vermehrt Verunsicherungen, auch Argwohn gegenüber Verlegern oder Redakteuren der Feuilletons. Robert Walser ringt um seine *schriftstellerische, dichterische Behauptung* (B 278), fordert wiederholt, bisweilen nachdrücklich an seine Freundin oder Schwester in Bellelay gesandte Zeitungsausschnitte mit seinen Texten zurück. Das Zusammenklauben des *Zeitunglichen, Fliegenden* (B 279) erscheint wie ein letztes Aufbegehren gegen den drohenden Verlust jener mühsam erworbenen schriftstellerischen Identität. Selbstbewusst verteidigt Walser den kulturellen Wert seiner Arbeiten. An Frieda Mermet schreibt er im Juni 1926: *Diese Sachen gehören Ihnen nicht, mir im Grund auch nicht, obschon ich der Autor davon bin, sondern sie gehören dem gebildeten Teil der deutschsprechenden Menschheit.* (B 279)

Robert Walser ist einsamer denn je. Er schreibt sich weiterhin häufig mit Frieda Mermet, überliefert sind außerdem eine Reihe von Briefen an Feuilletonredakteure. Dass Walser weiterhin regelmäßig Kontakt zu seiner Schwester Lisa hat, belegt der Briefwechsel mit Frieda Mermet. Fanny, die jüngere Schwester, wird gelegentlich erwähnt; eng ist der Kontakt offenbar nicht, obwohl sie als Zahntechnikerin in Bern arbeitet. 1926 heiratet sie den Kaufmann Arnold Hegi und zieht mit ihm nach Lettland. Erst 1940 wird sie in die Schweiz zurückkehren. Seines Bruders Karl gedenkt Robert Walser im April 1927 noch einmal in einem Brief an seine Freundin in Bellelay. Am Achten des Monats ist der Bruder, der einst eine so wichtige Rolle in Robert Walsers Leben gespielt hat, fünfzig Jahre alt geworden.

Aber eine Brieffreundschaft entwickelt sich in diesen Jahren neu, 1925 beginnt ein Briefwechsel zwischen Robert Walser und der jungen Therese Breitbach. Die Deutsche hatte sich in einem Brief an den Schweizer Autor für ihren schriftstellernden Bruder Joseph Breitbach verwendet. Vielleicht ist es die räumliche Distanz, ein gewisses Maß an Anonymität gegenüber der ja persönlich Unbekannten – Robert Walser jedenfalls ist bemerkenswert offen in seinen Briefen an die 1908 geborene Rheinländerin. *Momentan geht mir's etwas mies, d. h. so so, la la, indem in meiner Schriftstellerei etwas wie eine Krise eingetreten zu sein scheint, womit ich übrigens jeder Zeit rechnete. Man ist irgendwie angesehen, gilt als tüchtig u.s.w. und mit einmal wird man fallen gelassen, wie der Ausdruck in Kunst und sonstigen Kreisen lautet.* (B 296) Und das zeigen die Briefe an Therese Breitbach auch: Die Krise, die Robert Walser an sich selbst erlebt, ist eine allgemeine. Die Stimmung jedenfalls, die Walser beschreibt, beruht auf einem sehr genauen Blick, den der europäische Schweizer auf Deutschland im *Locarno-Zeitalter* (B 264) wirft. Die Kontakte zu deutschen, auch österreichischen Verlegern und Redakteuren sind gestört. *Als wenn noch heute Weltkriegsgeister unablässig kämpften, so sieht es mitunter aus, und es ist ja auch zu begreifen, da es viele humorlose, freudlose, verzagte, verbitterte, gewagte Existenzen in diesem Heute gibt, das sich vom Gestern, ich meine vom Geschehenen, von diesem so großen Unglück, das Europa erlebt hat, noch nicht loszulösen vermochte.* (B 297) Am 18. Dezember 1931 wird er Therese Breitbach schreiben: *Wie ich vernommen habe, haben einige Deutsche im Sinn, sich nach und nach wieder auf ihr Deutschtum zu besinnen.* (B 347)

Die langen Briefe an die Verehrerin in Deutschland enthalten viele Erinnerungen, an die Kindheit etwa, auch an die Berliner Jahre. Robert Walser fasst Vertrauen zu der jungen Frau. Der bekenntnishafte Ton gegenüber der Brieffreundin zeigt aber auch, wie einsam Walser geworden ist, wie dringend er in dieser Isolation den Kontakt zu anderen braucht. Gegenüber der neuen Freundin, die weit genug entfernt ist, gelingt ihm große Nähe: *Heute will man jeden, der nur ein klein wenig sich selbst gehört, gleich auf die schwarze Liste der Sonderlinge werfen, was von einer geradezu tragischen Voreiligkeit ein ungemein glänzendes Zeugnis ablegt, und auch von einer in der Gesellschaft leider zu tief eingerissenen Bequemlichkeit in Dingen Menschenverkehr- und Behandlung.* (B 265) Robert Walser, der *Sonderling*, kommt nicht mehr an.

Gelegentlich geht er noch aus. Häufiger ins Theater, auch zu Laiendarstellungen, manchmal in die Oper. *Heute Abend werde ich in Damengesellschaft Karten spielen und vorsichtige Schlückchen Maiwein dazu trinken.* (B 295) Das schreibt er am 17. Mai 1927 nach Prag an Otto Pick, zu dem Walser mittlerweile ein beinahe freundschaftliches Verhältnis hat – sicherlich auch, weil gerade in dieser Zeit zunehmender Isolation die tschechoslowakische Zeitung sein wichtigster Publikationsort ist. In den Jahren 1925 bis 1937 werden in

Robert Walser in seiner Berner Wohnung, 3. April 1928

der «Prager Presse» fast 200 kurze Prosastücke von Robert Walser gedruckt.

Am 15. April 1928 wird Walser fünfzig Jahre alt. Es ist wohl weniger der Geburtstag, aber gewiss das Älterwerden, das jetzt zunehmend sein Denken und sein Schreiben bestimmt. In seinen letzten Mikrogrammen erinnert er sich häufiger wieder seiner Kindheit. Manches erscheint jetzt bilanzierend. Zurückliegende Landschaftserlebnisse sind ein Thema, selbst der Spaziergang, das Anschauen von Natur, scheint unwiederbringlich Erinnerung zu sein. *So sehr mir bewußt ist, daß ich auf jenem Hügel Zeit verschwendete, indem ich bald mit meinen Beinen* und *sonst mit kaum irgend etwas anderem in's Gehölz hineintrat und es bald wieder verließ, hätte ich auch heute wieder zu derartiger Nichtachtung in Bezug auf die Kostbarkeit der Zeit Lust.* (MG 5,102) Dabei wirkt Walser selbst auf vertraute Menschen unbestimmbar in seinem Alter; seine Schwester Fanny schreibt ihm, er *sei vielleicht einer der jüngsten Fünfziger, die heute in Europa existieren* (B 327). Gegen das Bewusstsein des Alterns helfen aber die freundlich, ja selbst die ernst gemeinten Beschwichtigungen der Mitmenschen nicht. Und für Robert Walser bedeutete das Jungbleiben in der Wahrnehmung der anderen wohl eher auch ein Missachten desjenigen, der sich nicht etabliert hat.

Die späten Mikrogramme prägen keinen neuen Stil aus, sie sind im Wesentlichen das, was Robert Walsers Prosa immer schon war, nun aber noch konsequenter ist: reines Assoziieren. Von ihren Herausgebern mühsam entschlüsselt, dann geordnet und schließlich zwischen zwei Buchdeckeln zusammengefasst, suggerieren sie bloß eine Ordnung, die das Schreiben Robert Walsers zuletzt nicht mehr hatte. Es ist die ungeordnete Zettelei desjenigen, der sich selbst kaum noch zuordnen kann. So wie es kein Stück Papier für ihn gab, das zu marginal war, um beschrieben zu werden, so kannte Walser offenbar auch keinen Gedanken, den aufzuschreiben sich nicht lohnte. Stofflich noch relativ geschlossen wirkende Prosastücke endeten gelegentlich völlig unvermittelt mit Sätzen wie: *Ich las übrigens vor einiger Zeit ein sehr schönes inhaltsreiches Gedicht.* (MG 5,142)

Dass sich die eigenen Lektüren auswirken könnten auf das Schreiben, war eine Walser vertraute Vorstellung. Er las viel, auch Verschiedenes, aber es hinterließ kaum Spuren. Frieda Mermet bittet er am 6. Januar 1928 um Goethes «Wahlverwandtschaften» und Kellers «Sinngedicht» aus *Lisa's Bibliothek*, manchmal kauft er sich auch *Bahnhofhallen-*

bändchen, kleine Romane, die nicht durchaus zur guten Literatur gehören, gleichwohl mitunter verhältnismäßig gut, d. h. anziehend geschrieben sind (B 321). Und im Sommer desselben Jahres schreibt er seiner Freundin in Bellelay: *Im Schiller las ich nur etwas, nicht alles. Man muß, wenn man selber schriftstellert, mit Lesen sparsam, vorsichtig sein, indem man sich leicht irgendwie an etwas Fremdes anliest.* Bei ihm komme das allerdings nicht oft vor, weil er *Gelesenes rasch zu vergessen pflege.* (B 330)

Es gibt auch keine Tabus mehr in den Texten, die in zunehmend schwindender Zahl überhaupt noch gedruckt werden. Von Liebschaften ist immer wieder die Rede, latente Erotik beherrscht viele Texte, gelegentlich auch ausgestellte Obszönität wie in dem Prosastück über eine Kastration (MG 5,124 f.). Und die Zumutbarkeit jener Episode über ein *Verhältnismädel* wird abschließend gleich mitreflektiert: *Für zarte Ohren und einen verfeinerten Geschmack scheint sich mir diese Geschichte nicht zu eignen, die wie von einem Straßenkehrer gedichtet zu sein scheint.* (MG 5,127) Der sich direkt oder vermittelt in Walsers später Prosa aussprechende Protest gegen jegliche ästhetischen Wertmaßstäbe und zugleich jede Norm des Mitteilbaren erinnert am ehesten vielleicht an das Prinzip der puren Negation, den anarchischen Ton der Dadaisten. Zugleich aber entbehren die Texte jedweder Programmatik, ihre Ziellosigkeit ist das vorherrschende Prinzip. Als das Schreiben zunehmend zum Selbstzweck gerät, verliert sich im selben Maß die Mitteilbarkeit überhaupt, die Schrift zunächst, schließlich die Sprache ganz.

Die schwere psychische Krise, die Robert Walser zu Beginn des Jahres 1929 erleidet, ist zugleich ein Bruch des Bewusstseins, aus dem Texte hervorgehen. «Schizophrenie» lautet die ärztliche Diagnose, die man ihm nach seiner Einweisung in die Heilanstalt Waldau stellt. Der lange Abschied Robert

Walsers beginnt aber wohl bereits im Herbst 1927. An Max Brod gerichtet ist der Brief, in dem sich Walser zum ersten Mal mit seiner psychischen Krankheit offenbart. Dem Redakteur des «Prager Tageblatts», jenem treu gebliebenen Verbündeten in der fremder gewordenen Öffentlichkeit, gesteht er, es komme vor, dass er sich *wie ein dummer Bub nachts in der Stille vor [sich] oder vor irgendwelchen eingebildeten Herbeischleichungen fürchte.* Und wie er solche Verstörung wahrnimmt, beginnt auch die Fremdbestimmung des sich allmählich Verlierenden: *Ich erhielt ein Angebot, auf eine schöne Anhöhe in die Zurückgezogenheit zu gehen.* (B 313)

Auf Betreiben seiner Schwester Lisa geht Robert Walser am 25. Januar 1929 in die außerhalb Berns gelegene Heilanstalt Waldau. Er fühlt sich *vollständig gesund und zugleich ernstlich oder erheblich krank* (B 342), wie er am Ende des Jahres Therese Breitbach berichtet. Zunächst hört er auf zu schreiben. Fast scheint es, als fehle ihm die Stadt, der Wechsel der Eindrücke, die Bewegung des äußeren Lebens, aus der er den Stoff seiner Texte schöpft. Als Robert Walser sich aus der Perspektive des Städters das Landleben noch vorstellen konnte, nicht leben musste, dichtete er, im Sommer 1928: *Das Leben auf dem Lande hat das Schöne, / daß man sich kann mit sich beschäft'gen. / Wie herrlich ist zum Beispiel der Gedanke / nur schon ganz einfach einmal an den Tod, / der keine Rolle in den städt'schen Köpfen / spielt [...]. / Sich tot zu denken, o wie froh macht das, wenn nur die andern weiterleben müßten, / und mich behelligte kein Wünschen mehr.* (MG 6,474) Jetzt denkt er sich das Landleben nicht mehr, jetzt hat er kaum noch eine Wahl.

In der Waldau hat Robert Walser keine Schwierigkeiten damit, in einer Anstalt zu leben. Dass er hier zunächst nicht schreiben kann, scheint ihn wenig zu stören. Erleichtert, fast heiter klingt es, wenn er seiner Schwester Lisa gleich

Adolf Wölfli: Neubau. [Die psychiatrische Heilanstalt Waldau bei Bern], 1921. Adolf Wölfli war ebenfalls Patient in der Waldau von 1895 bis zu seinem Tod 1930.

nach der Einweisung schreibt: *Nett ist, daß es hier tagüber auch Radio-Musik gibt.* (B 337) Der Betreiber eines *Prosastück-ligeschäfts* (B 322), wie er selbst seine Arbeit einmal nennt, erfährt, wie das Radio die Literatur, mithin die Kultur verändert. Seit 1924 gab es regelmäßige Rundfunksendungen in der Schweiz, jetzt beginnt der Hörfunk Alltag zu werden. Undeutlich bleibt, welchen Einfluss dies auf Walsers Schreiben, sein baldiges Verstummen hat – er konstatiert nur, dass etwas anders geworden ist: *Gegenwärtig spielt Radio eine gewisse Rolle bezüglich der Literatur.* (B 342)

Robert Walser will nicht mehr allein sein. Als man ihm 1930 ein Einzelzimmer gibt, lässt er sich auf eigenen Wunsch in den Wachsaal zurückverlegen. Er lernt das Billardspiel, es scheint ihm gutzugehen. Seiner Schwester Lisa schreibt Walser im Februar 1929: *Angstzustände habe ich hier in der Anstalt keine, was ich sehr gut zu begreifen vermag, denn hier schriftstellere ich vorläufig nicht mehr, und ich neige jetzt zur Annahme, daß die Angst [...] aus einer Schaffenskrisis und aus dem kontinuierlichen Mit-mir-Alleinsein stammte, wobei ich mich ebenso gut täuschen als womit ich recht haben kann.* Wie auch immer, er ist Schriftsteller. Im Juni 1929 sendet er Otto Pick ein *Gelegenheitsgedicht* (B 340). Robert Walser will nicht nur schreiben, er will auch weiterhin gelesen werden.

In der Heilanstalt Waldau hört Walser auf zu trinken. Und die Briefe, die er jetzt schreibt, wirken tatsächlich geradezu nüchtern; was er berichtet, klingt zufrieden. Nach Leben klingt es nicht: *Man kann sehr viel entbehren lernen und sich dabei wohlfühlen.* Die Demut und die Bescheidenheit, mit denen er virtuos spielte in seinem bisherigen Leben, machen jetzt sein Dasein aus. Ende 1932, in einem seiner letzten Briefe aus der Heilanstalt Waldau, schreibt er Therese Breitbach: *Mir geht es so weit leidlich, d. h. gut.* (B 349)

Zuletzt, zu Beginn der dreißiger Jahre, werden die Briefe immer seltener. Er schreibt weiterhin der Brieffreundin in Deutschland, vor allem aber Frieda Mermet. Immer häufiger zeigen seine Briefe Dankbarkeit und Respekt gegenüber dieser Freundin, die ihm bis zuletzt nahegeblieben ist. Aber auch dieser Kontakt geht ihm allmählich verloren, es sind aus der sich anschließenden Zeit in Herisau nur noch sehr wenige Briefe überliefert. Sie enthalten kurze, formelhafte Mitteilungen über den Fortgang des alltäglichen Lebens. Eine Besonderheit freilich stellen die Abschiedsformeln dar. Kurz bevor dieser Autor endgültig zu schreiben aufhört, verteidigt er beiläufig, aber mit Nachdruck das, was er weiterhin offenbar sein will: *Schriftsteller Robert Walser.* (B 350, 353, 362)

«Der Räuber»

Die Mikrogramme, die unzähligen kleinen Texte aus der Berner Zeit und aus den Jahren in der Heilanstalt Waldau – sie konstituieren deutlicher noch als Sammlungen der Jahre zuvor eine Prosa des Nebeneinanders. Nur einmal sollte Robert Walser noch die große Form versuchen, seinen letzten Roman, *Der Räuber*. Er zählt zu den ersten, zugleich umfangreichsten Mikrogrammentwürfen und muss im Zeitraum von Herbst 1924 bis Herbst 1925 entstanden sein. Und der Befund der Handschrift zeugt von einer Leichtigkeit der Niederschrift, zeigt auch, wie selbstverständlich, wie bedeutend dieser Text für seinen Verfasser gewesen sein muss: «Der in Abschnitte gegliederte, aber fortlaufende Text des ‹Räuber›-Romans ist eine kalligrafische Meisterleistung mit einem durchweg homogenen Schriftzug.»[83] Auch die Wahl des Materials – Blätter aus weißem Kunstdruckpapier – verrät etwas über die Entstehung des Textes: Wurden die Mikrogramme sonst zumeist auf unterschiedlichsten Zetteln geschrieben, findet sich neben den *Felix*-Szenen eben auch der *Räuber*-Roman auf ausgesuchten Blättern.

Edith liebt ihn. (12,7) Diese Möglichkeit von Dasein war für die Helden in Walsers Romanen so zuvor noch nicht formuliert worden. Ausgestellt ist diese Formel einer nicht bloß wahrgenommenen, sondern als unverwechselbar erachteten Individualität dadurch, dass sie den Roman eröffnet. Der Roman selbst behauptet sie als Vorzeichen, wenn dann folgt: *Hievon nachher mehr.* Eine vertraute Attitüde in Walsers Prosa, vor allem der späten.

Es ist also noch nicht von Edith die Rede. Aber es soll

von Beginn an bewusst sein, dass demjenigen, der schon im nächsten Satz als *Nichtsnutz* apostrophiert wird, im Unterschied zu seinen ebenso mehr oder weniger nichtsnutzigen Vorgängern – Simon Tanner, Joseph Marti, Jakob von Gunten – eine Perspektive immerhin eignet, er in seiner Individualität wahrgenommen wird, als liebenswerter. Darauf wird bestanden. Dieser Nichtsnutz ist zu denken als besonderer. Die Figurenkonstellation ist vertraut: eine *Herrenwelt*, in welcher der Räuber keinen Ort gefunden hat. *Nicht einmal einen Freund hat er.* (12,7) Die *Henri Rousseaufrau, ganz in Braun gekleidet* (12,16), begegnet dem Räuber und hält ihm einen Spiegel vor: *unglücklich* sei er, auch erfülle er seine *Pflicht als Mitglied der Gesellschaft nicht.* Und es sei das persönliche Versagen, Verkennen der Möglichkeiten: *«Du bist zu träg, auch nur zu denken, es könnte jemand vielleicht sehr glücklich durch dich und deine Gaben sein.»* (12,17 f.)

Wenn schließlich doch mehr und mehr von Edith die Rede ist, rückt in die Nähe der Erotik, die ein zentrales Thema in Walsers Werk ist, die Liebe als Gegenstand der Reflexionen. *Der Räuber glaubte an Edith nicht mit dem kleinen Finger, aber er liebte sie.* Wo auch von Glaube die Rede ist, genauso wie von Hoffnung, wo also die Trias abgerufen wird, die im ersten Brief des Paulus an die Korinther die drei höchsten Geistesgaben erklärt, ist ein Reflexionsrahmen größerer Dignität abgerufen – und heraus kommt eine durch und durch säkularisierte Lesart des so viel Zitierten: *Liebe ist etwas ganz und gar Unabhängiges. Der Glaube ist etwas Bedürftiges. Die Hoffnung bettelt. Der Räuber brauchte weder die Hoffnung noch den Glauben. Er brauchte ein Eigentum, und das besaß er.* (12,149) Liebe als das Eigene, das man hat, das man sich nicht einbildet und um das man auch nicht betteln muss.

Indem sich der Icherzähler ausdrücklich von seinem *Romanheld* (12,11) distanziert, wird es dem Leser erschwert,

erneut ein Alter Ego Robert Walsers in dieser Figur auszumachen. Weil sich die biographischen Bezüge also auf die
Erzählerfigur richten, besetzt der *Räuber* eine freie Position; weniger identifizierbar, namenlos ohnehin, erscheint
der *Räuber* als die konsequentere Kunstfigur in Walsers Romanwerk. Gleichwohl fehlt es auch bei der Darstellung des
Räubers nicht an biographischen Bezügen, etwa da, wo von
den beiden Brüdern die Rede ist, die *in den Friedhöfen dieser
Stadt begraben* sind (12,29) und die an Ernst und Hermann
Walser erinnern. Die eigene Biographie bleibt der Stoff, aus
dem Robert Walser seine Texte entwickelt. Und für die Inszenierung als Räuber gibt es ja längst schon die Maske: Jenes
Bild Karl Walsers, das den fünfzehnjährigen Bruder als Karl
Moor darstellt. *Ein Aquarellbildchen, das ein jugendlicher, kaum
dem Knabenalter entwachsener Maler ausführte, gab uns zu all
diesen kulturellen Zeilen den Anlaß.* (12,188)

Vielfache Stilisierungen zeichnen die Titelfigur als besondere aus. *Wir wollen den Räuber einen Staatsschreiberssohn
nennen.* (12,28) So wird er zum Erben desjenigen erklärt, der
von 1861 bis 1876 das Amt des ersten Staatsschreibers der
Züricher Regierung innehatte – Gottfried Keller. Anspielungen und Vergleiche häufen sich, von *Rinaldini* (12,19),
dem Helden des 1798 erschienenen Romans «Rinaldo Rinaldini» von Christian August Vulpius, ist die Rede, von *Fa-
brice del Dongo* (12,27), der Hauptfigur aus Stendhals Roman
«Die Kartause von Parma», und schließlich auch von Jesus
von Nazareth, wo es vom Räuber heißt, *die Haare* seien ihm
jesuskindhaft, an Tempel erinnernd, vom Haupt (12,25) herab-
gefallen. Eine illustre Gesellschaft wird da für ein Tableau
bemüht, vor dem sich der Held des Romans doch ziemlich
verloren ausnimmt: Den charismatischen Outlaw, den Erlö-
ser gar, gibt es im Werk Robert Walsers nicht, wohl aber in
solchem Anspielungskontext noch einmal den Hinweis dar-

auf, was geblieben ist von den Lichtgestalten nacherzählter Historie: der weltverlorene Bürger, der viel zu sehr mit sich selbst beschäftigt ist. Die Introspektive desjenigen, der immer häufiger auch über seine Sexualität reflektiert, um sich gesellschaftlich positionieren zu können, verhindert die Dynamik des Weltveränderers.

Anders als in den Berliner Romanen, die eine Perspektivfigur haben, teilt sich die Perspektive im *Räuber*-Roman, ohne dadurch schon ihre Personalität [84] einzubüßen. Der Erzähler muss sich dieses besonderen Verhältnisses zur erzählten Figur gelegentlich selbst vergewissern; somit wird nachdrücklich auf die besondere Konstruktion des Romans verwiesen: *Armer Räuber, ich vernachlässige Dich ja ganz.* (12,15) Heißt es von dem Räuber, er *lernte sich selbst nie richtig kennen* (12,28), so erscheint das Erzählverfahren als Versuch, durch den Wechsel von größerer Nähe und Distanz diese Arbeit am eigenen Leben voranzutreiben. Wie der Erzähler über den Räuber als den fremderen schreibt, gelingen ihm Anmerkungen zur Biographie seines Helden, die radikaler werden: *Seine Erziehung bestand aus lauter kleinen Vernachlässigungen.* (12,29) Gerade weil das Schreiben Walsers so konzept- und strukturlos erscheint, fällt als eine Konsequenz dieses Romans das besondere Verhältnis von Erzähler und erzählter Figur auf. Diese wird von jenem durch eine Biographie getrieben, die nur scheinbar noch veränderbar ist. *Finde ich keine passende Partie für ihn, so muß er mir wieder ins Büro.* (12,88) Und immer wieder wird das Verhältnis reflektiert: *Ich muß immer achtgeben, daß ich mich nicht mit ihm verwechsle. Ich will doch keine Gemeinschaft mit einem Räuber haben.* (12,87)

So groß die Nähe zwischen Ich und Er des *Räuber*-Romans ist, so groß ist auch das Bemühen um Distanz, das sich noch im einzelnen Ausdruck spiegelt; etwa da, wo von dem Titelhelden des Romans die Rede ist als einem *Gegenstand*

(12,163). Das Verhältnis von Erzähler und Hauptfigur ist «die Voraussetzung für den Versuch, in der Verobjektivierung einer gefährdeten künstlerischen Subjektivität durch die Figur des ‹Räubers› eine mit sich selbst identische ästhetische Existenz zu verwirklichen, die nicht an ihrem Widerspruch zur gesellschaftlichen Realität scheitert, sondern ihn aufhebt in seiner Darstellung»[85].

Der Räuber entwickelt sich mehr und mehr zum Prototypen des Walser'schen Helden, er ist ihnen allen gleich und in seiner Abstraktheit zugleich der Verschiedenste. Der Erzähler lässt eine Frau über den Charakter des Räubers zu Wort kommen; es sind vertraute Zuschreibungen für typische Walser-Figuren, es ist die Konzentration, die dieses Menschenbild zugleich besonders macht: *Niemand weiß, wer Sie eigentlich sind. Wissen Sie denn selber noch immer nicht, was Sie im Leben wollen, wofür Sie da sind? […] Sind Sie schlechtweg, schlankhin ein Mensch? Sie atmen scheinbar absolut keinerlei Bürgerlichkeit aus, und man verdächtigt Sie bei Ihrem werten Anblick, daß Sie eine Abenteurernatur seien, und doch enttäuschen Sie uns dann auch wieder eben in dieser Hinsicht. […] Ihrer Gestalt fehlt eine Etikette, Ihrem Lebenswandel eine Abstempelung.* Und wie der Räuber einem Kind zu Hilfe eilt, *das doch eine gesellschaftliche Unbedeutendheit darstellt,* erklärt die Frau: *Ich habe mich da nämlich einfach geschämt über Sie, über dieses gedankenlose Glücklichsein, über diese so wieder und wieder durchaus uneitle Freude am widersinnigen Dienen. Dieses Dienen bei Ihnen ist einfach ein kluges Dummtun und dummes Intelligenttun.* (12,99 f.)

Weil Walsers Texte zumeist dem Augenblick gewidmet sind, sein Schreiben den Assoziationen eines Zuschauers folgt, fallen die Momente erinnernden und reflektierenden Erzählens besonders auf. Im *Räuber*-Roman ist es die Episode, die von der Begegnung des Räubers mit Walther Rathenau handelt, des *Weniginbetrachtfallenden* mit dem *Namhaften*, dem *Nachherministergewordenen*. Anlass des Erinnerns an zurückliegende Jahre in Berlin ist die Ermordung des Politikers am 24. Juni 1922. Und wie der Räuber durch ein Plakat auf den Tod Rathenaus hingewiesen wird, reagiert er mit *Händeklatschen*, das ihm selbst *ein Rätsel* bleibt. Sarkastisch mutet an, wie dann beiläufig im Erzählfluss der Mord in Berlin kommentiert wird: *Und um dieselbe Zeit hauchte draußen im Reich ein Geistesheld sein Zeitliches aus, indem er von sehr anständig denkenden Leuten niedergeschossen wurde.* (12,22)

In der kleinen Erzählung *Zwei Männer* (16,194–204) wird die an das Vorbild Rathenaus eng angelehnte kurze Biographie eines privilegierten und reichen Mannes mit derjenigen eines *mittellosen Vaters Sohnes* konfrontiert, hinter der man wie so oft deutlich autobiographische Bezüge erkennen kann. In solcher Konfrontation ist dann – wie sonst nur selten in Walsers Prosa – offene Gesellschaftskritik formuliert worden. So leitet die Darstellung des selbstentworfenen pompösen Landhauses jenes bedeutsamen Mannes über zu dem Absatz: *Bei dieser Gelegenheit mag uns einfallen, daß es fünf- bis achtköpfige Familien gibt, die sich unter unschönen Sorgen in dürftiger, enger Mietwohnung traurig zusammendrücken müssen. Dem alleinstehenden reichen Herrn fiel vielleicht dann und wann ähnliches ein. Wir verzichten im übrigen auf jederlei unartige Bemerkung, denn wir sind der Meinung, daß uns ein einfacher Stolz gezieme.* (16,199) In Sätzen wie diesen spricht sich auch die Bitterkeit des älter Gewordenen aus, desjenigen, der ohne Ort in der Gesellschaft geblieben ist. Es ist Sozialneid dabei. Sonst waren dem Autor Einsichten in die Gesellschaft gelungen, die des Plakativen gar nicht bedurften. Es ist ein Changieren im emotionalen Umgang mit der sozialen Wirklichkeit, die nicht zuletzt die eigene Befindlichkeit meint. Sozialkritik ist nicht selten von Selbstmitleid eingefärbt – und Enttäuschungen, Verletzungen gar, erschweren die Reflexion.

Wie bereits das «Tagebuch-Fragment»[86] enthält auch der *Räuber*-Roman zahlreiche Gedanken über das Schreiben, das Erzählen, den Roman. Robert Walser hat eine Lust an Wort- und Satzgefügen, die sich von der Sinnhaftigkeit und Logik der Mitteilung nicht beschränken lässt. *Bezüglich des Haares, das er stets fleißig wusch, könnte man von Wasserfällen sprechen, die ihm in den Nackenabgrund fielen. Dieses Gestürze in die Schluchten heiliger Ermüdetheiten.* Sätze, die sich wie diese nicht zu fügen scheinen, werden entsprechend kommentiert: *Wenn man auch dies Wort nicht gerade versteht, nun so klingt's doch vielleicht ganz nett.* (12,25 f.) In diesem späten und letzten großen zusammenhängenden Erzählstück gibt sich der scheinbar nicht zu erschöpfende Schriftsteller Walser noch einmal wortgewaltig. Dabei scheint die Wortflut des *Räuber*-Romans gelegentlich eine Abweichung von der Erwartung an die gewählten literarischen Bilder zu erzwingen, Neologismen auch hier. *Der Räuber war eines Tages beim Baden nahe am schönsten Ertrinkungstod. Infolge wackern Schaffens mit Wellen usw. blieb er als flotter Herausarbeiter aus Näßlichkeitsmächten am Leben, d. h. kam wieder ans sichere Trockene.* (12,83) Auch der Zynismus nimmt am Ende des Schreibens zu.

Die «Diskontinuität des Erzählens als kunstvolle Sprachverwilderung»[87] ist zugleich eine literarische Zumutung. Dass Robert Walser sich schreibend wehrt gegen eine Rezeption, die konkrete Erwartungen formuliert, spiegelt sich in Sätzen wie diesen: *Diese Umschweife, die ich da mache, haben den Zweck, Zeit auszufüllen, denn ich muss zu einem Buch von einigem Umfang kommen, da ich sonst noch tiefer verachtet werde, als ich bereits bin. […] Hiesige Lebeherren nennen mich einen Torebuben, weil mir keine Romane aus den Taschen herausfallen.* (12,103) Jürgens verweist darauf, dass man es sich zu leicht macht, Walser in eine Reihe mit Kafka, Proust, Musil und Döblin zu stellen, ihn einfach als «exemplarisch modern» zu bezeichnen. Das behindert eher die Auseinandersetzung mit Walsers Prosa, als dass es sie befördert. Ja, Robert Walser hat auch Texte geschrieben, die sich nicht «mit vergleichenden Kraftakten zu den Höhenzügen der literarischen Moderne emporwuchsten»[88] lassen.

Eine außerordentliche Stellung kommt dem *Räuber* im literaturgeschichtlichen Kontext nicht zu. Im Gesamtwerk Robert Walsers ist der Roman hingegen von besonderer Bedeutung, weil er die Helden dieser umfangreichen Prosa ‹zusammenfasst› und als eine abstrakte Figur inszeniert, zum endgültig verlorenen Helden der Moderne. Das Aufbegehren haftet ihm als Name noch an, eine Identität ist das in der bürgerlichen Gesellschaft schon lange nicht mehr. Indem der Roman außerdem ein Kulminationsort zahlloser Motive, Stoffelemente und Anspielungen ist, die aus den verstreuten Prosatexten Walsers bekannt sind, eignet ihm auch ein resümierender Charakter. Über seine Arbeit hat der Autor 1928 geschrieben: *Der Roman, woran ich weiter und weiter schreibe, bleibt immer derselbe und dürfte als ein mannigfaltig zerschnittenes oder zertrenntes Ich-Buch bezeichnet werden können.* (20,322) Er ist damit nicht fertig geworden. Der seine gesamte Prosa beherrschende Gestus des Nicht-enden-Könnens hat sein Werk, sein Leben zuletzt überdauert. Dass er noch einmal darauf zurückkomme – er hat es so oft geschrieben. Im *Räuber*-Roman wohl am häufigsten. Das ist nicht ohne Penetranz. Und oft fand Robert Walser für diesen Zustand einer schreibenden Existenz die verschlungensten Formeln: *Wir kommen passenden Platzes noch ausdrücklich hierauf sorgsam zurück.* (12,135)

Der Insasse

Gemessen an den Briefen, die Robert Walser schreibt, seit er am 19. Juni 1933 in die Heil- und Pflegeanstalt in Herisau, dem Hauptort des Kantons Appenzell Ausserrhoden [89], eingewiesen wurde, scheint das Leben, das er hier zu Ende lebt, wie im Zeitraffer zu verlaufen. Sieben Briefe sind aus den ersten zweieinhalb Jahren überliefert. Vier höfliche Briefe an Frieda Mermet, die kaum noch freundschaftliche Züge haben, zwei Briefe an Carl Seelig, ein freundlicher Gruß zum Jahreswechsel schließlich an seine Schwester Lisa. (B 352–354) Er weiß, dass er weniger denn je in die Gesellschaft passt, und er weiß daher auch, welche Worte er seiner Schwester schuldet: *Ich täte noch gern etwas Tüchtiges.* (B 354) Noch 1937 denkt Lisa Walser daran, ihren Bruder zu sich zu holen, zurück in ihre bürgerliche Welt. Damit sie ihm vielleicht doch noch «ein besseres u. hoffentlich auch noch nützliches Leben» [90] ermöglichen kann.

Tatsächlich dehnt sich die Zeit in Herisau, 23 Jahre hat Robert Walser dort gelebt. Raum für unzählige Gedanken. Die Zeit der vielen, der gehetzten, der schnell und akribisch protokollierend hingeschriebenen Wörter ist vorbei. Er ist erschöpft. Und zunächst hat er sich gefreut, dass da jemand – Carl Seelig – noch an der Publikation seiner Texte interessiert ist. Aber es ist ein mühsames Geschäft geworden: *Die Auswahlfrage bezüglich der Prosastücke würde ich gegebenenfalles vertrauensvoll Ihnen überlassen.* (B 354)

Noch in der Waldau konnte Walser unverstellt über sich schreiben: *Meine Krankheit ist eine Kopfkrankheit, die schwer zu definieren ist. Sie soll unheilbar sein, aber sie hindert mich nicht,*

Die Heil-
und Pfle-
geanstalt
Herisau

zu denken, an was ich Lust habe oder zu rechnen oder zu schrei-
ben oder höflich mit den Leuten zu sein oder die Dinge, wie z. B.
ein gutes Essen u. s. w. zu konstatieren. (B 342 f.) In der Heil- und
Pflegeanstalt Herisau verstummt er bald. «Gegen seinen
Willen» ist er dorthin verlegt worden – «unter Anwendung
körperlicher Gewalt».[91]

Und als gelte es, jeden weiteren Widerstand gegen solche Fremdbestimmung ein für alle Male zu brechen, wurde
einige Monate später ein Entmündigungsverfahren einge-
leitet – wiederum gegen Robert Walsers Willen, der aus-

drücklich wünschte, *in dieser Beziehung frei zu sein.*[92] Mit dem
Patienten Walser war es offenbar nicht leicht: «Zeitlich, ört-
lich, persönlich orientiert, luzid, ruhig, freundlich im Umgang, aber ausgesprochen gleichgültig» – und eben: geistes-
krank. Was sich nicht begreifen lässt, muss besonders gut
verwaltet werden. Und die Schwester, die letzte Vertraute,
war mittlerweile sechzig Jahre alt, empfand die Verantwortung wohl zunehmend als Last. «Auf Anfrage von Lisa
Walser erklärte sich der Gemeinderat Teufen am 31. Mai
1934 zur Übernahme der Vormundschaft bereit.»[93]

Dabei hatte es doch eigentlich so kommen müssen, er
war ja schon immer ein wenig sonderbar gewesen: Es sind
so viele Klischees, die das Leben Walsers beschweren. Und
wer will denn noch die Gesellschaftsgeschichte bemühen,
wenn die persönliche Biographie bereits eine so immanente
Logik hat. Die einstigen Weggefährten werden scheinbar zu
Wegbereitern des zuletzt psychisch Kranken: die melancho-
lische Mutter, der psychisch kranke Bruder Ernst, der bereits
1916 dreiundvierzigjährig in der Heilanstalt Waldau stirbt,
der Bruder Hermann, der sich 1919 das Leben nimmt. Diese

Die Brüder Ernst und Hermann Walser

Biographien fallen auf. Sie sind stets auch eine Bedingung des Schreibens Robert Walsers gewesen, eine Bedingung seines Lebens sind diese Biographien sowieso.

Wie ist jemand, der zuletzt mit der Diagnose «Schizophrenie» in eine Anstalt eingewiesen wird? Welche Vorzeichen gibt es? Robert Mächler hat unter der Überschrift «Vorbemerkungen zur Krankheitsgeschichte» [94] gesammelt, was zur Beschreibung tauglich schien – Charakterisierungen von Zeitgenossen. Gefunden hat er «Lieblosigkeit», auch «Egoismus». Aber ist Lieblosigkeit nicht mehr ein Verlust als eine Eigenschaft und Egoismus dann eine Kompensation des Mangels? Und wie ichbezogen muss einer schließlich werden, wenn er sich behaupten will gegen andere Erwartungen, abweichende Einschätzungen, fehlendes Verständnis? Mächler hat den Schlüssel zur Erklärung eines Teils jener Geschichte, die das Leben Robert Walsers ist, gefunden. Aber eine Krankengeschichte wird so nicht erklärt. Und was wie eine Verteidigung klingt oder eine Entschuldigung gar, ist nicht die Korrektur eines falschen Bildes, sondern die Reproduktion eines Vorwurfs: «Alles in allem war er recht fleißig.» [95] Eng gefasst waren die Maßstäbe, an denen sich Robert Walser messen lassen musste.

Robert Walsers Texte sind eine Abweichung von diesen Maßstäben, sein Leben ist es schließlich nicht mehr. Er hat sich angepasst an das Anstaltsleben, vielleicht war er tatsächlich dankbar, dass man ihn in seiner «Andersartigkeit in Ruhe gelassen» [96] hat. Er zieht sich vollkommen zurück. «Einen unauffälligeren Patienten als ihn kann man sich kaum vorstellen.» [97] In solche Abseitigkeit dringt nur gelegentlich noch etwas von außen. Dezember 1939: Vom Kino ist die Rede, nicht vom Krieg (B 359). Reflektieren kann Robert Walser den Unterschied durchaus. Naiv erscheint, wie er den Gegensatz beschwört, und er zeichnet dabei doch ein

authentisches Bild von der grotesken Teilnahmslosigkeit
eines Landes, die hinter der idyllischen Kulisse ja gar keine
war. *Alles liegt jetzt im Schnee. Die Straßen sind herrlich weiß
und weich. Um so härter ist der Krieg. Aber der liegt uns ja gottlob
fern.* Wie unter einer Schneedecke verborgen erscheinen die
Verstrickungen der Schweiz in den Kriegsverlauf, die Betei-
ligung an, mindestens die Duldung der Verfolgung unzähli-
ger unschuldiger Menschen. *Die können es unter sich ausma-
chen, die bösen Buben.* (B 360) Die freilich gab und gibt es überall. An seine Schwester Fanny Hegi-Walser ist dieser Brief
vom 29. Dezember 1941 gerichtet.
Sie war im Oktober 1940 mit ihrem
Mann in die Schweiz zurückgekehrt, nachdem Lettland von den
Russen besetzt worden war.

Fanny Hegi-Walser

  Fanny Walser gehörte zu den
letzten Briefempfängern überhaupt. Auch Frieda Mermet zählte
noch dazu. Der letzte datierte Brief
ging am 20. September 1943 an Lisa Walser. Es ist ein Abschiedsbrief
an die Schwester geworden, die
im Sommer 1943 schwer erkrankt
war: *Ich wünsche Dir also baldige Bes-
serung und möchte Dir bei dieser Gelegenheit für alles, was Du
mir getan oder gewesen bist, herzlich danken.* (B 363) Lisa Walser
starb am 7. Januar 1944 in einem Berner Krankenhaus.

  Der letzte überlieferte Brief aber ging wohl an Carl Seelig. Er ist vom Empfänger auf den 10. Juli 1949 datiert worden. Und so ungewiss das Datum auch sein mag, der Inhalt
ist ganz sicher authentisch. *Mit bestem Dank für Ihre werte Anfrage ist es mir lieber, wenn Sie mich ein anderes Mal, an
einem Sonntag, besuchen, da ich recht ordentlich stets werktags*

zu tun habe. (B 364) Der höfliche Ton beherrscht alle Briefe, die Walser aus Herisau geschrieben hat – und die Sehnsucht nach einer Ordnung, die für alle gilt. Die Aufgabe des Einzelgängertums und die Resignation über eine gescheiterte Suche nach einer lebbaren Identität sind Robert Walsers Krankheit geworden.

Das ehedem ungehörige Benehmen gegenüber der Gesellschaft ist jetzt pathologisch. Wenn er an öffentlichen Orten ganz allein in schallendes Gelächter ausbrach, wie man es schon aus den Berliner Jahren überliefert hat, schienen Protest und Verzweiflung noch nahe beieinander. Jetzt kommen Krankheitssymptome hinzu, Halluzinationen und Verfolgungsängste plagen ihn, er hört «Stimmen». Mittlerweile weiß man, wie nachlässig die Diagnosen, dann die Behandlung Walsers gewesen sind. «Robert Walser wäre aus der Sicht der heutigen Psychiatrie als schizophrenkrank diagnostiziert worden.»[98] Es ist im Fall Robert Walsers, wie aber auch sonst oft, schwierig, die Grenze zwischen «gesund» und «krank» genau auszumachen. Einfacher lassen sich offenbar die Kategorien «normal» und «unnormal» handhaben, denn sie passen immer, abhängig von der Perspektive, aus der heraus jemand befindet, wie jemand sei, was ihm fehle. Die Auseinandersetzung über eine ihm gemäße Lebensform ist zuletzt immer von anderen geführt worden, den Gutmeinenden. Als Carl Seelig bei dem Anstaltsdirektor Otto Hinrichsen 1940 eine mögliche Entlassung Walsers zur Sprache bringt, erhält er als Antwort: «Sein Zustand ist verhältnismäßig gegenüber anderen derartigen Kranken ein glücklicher und, wenn er schon etwa hier weg will, ist das kein so voller Ernst von ihm, und es wäre für ihn unglücklich, wirkte man nach dieser Richtung auf ihn ein, jagte ihn auf, wo er Fürsorge nötig hat, alle Initiative und Elan nun einmal weg ist und auch nicht wieder kommen wird. Aber

Robert Walser
in Herisau,
1944

ihm das nicht durch Anforderungen zu Bewußtsein bringen! Lassen Sie ihn weiter hindämmern.»[99]

Robert Walsers Leben in der Klinik «war trostlos, isoliert
und zwanghaft verengt». Es fällt schwer sich abzufinden
mit der stummen Abseitigkeit, welche die Arztprotokolle
vermitteln: «Pat. bietet unverändert dasselbe Zustandsbild
des affektiv nivellierten, kühl-abweisenden Schizophrenen.
Wünscht in Ruhe gelassen zu werden. Gibt auf Fragen höflich aber abweisend Antwort.»[100] Demjenigen zu helfen,
der sich aller Mitteilung verweigert, ist schwierig. «In diesem Leben noch einen bewussten Lebensentwurf eines
‹Verweigerers› oder ‹Verschwinders› sehen zu wollen, wäre

reine Projektion.» [101] Aber naheliegend ist der Gedanke, dass da ein ehedem präziser Protokollant bürgerlichen Lebens jetzt inszeniert, was bloß die ins Groteske gesteigerte Erwartung an dieses Leben immer war und ist. Noch von dem Fünfundsiebzigjährigen heißt es im Arztprotokoll: «Er verrichtet nach wie vor morgens die Zimmerarbeiten, Wischen des Bodens etc., wird erregt, wenn ihm dabei jemand in den Weg gerät und kann dann recht massiv schimpfen. Daneben arbeitet er fleissig in der Hausindustrie (Säckekleben), verrichtet aber alles ganz stereotyp.» [102]

Das Marionettenhafte des psychisch Kranken ist kein Klischee, vielmehr eine bekannte Vorstellung, traurige Realität. Aber von Robert Walsers Leben als Insasse weiß man, dass es nur ein Teil seines Lebens ist. Und so scheint es bisweilen, dass für ihn selbst, der die Regie endgültig anderen überlassen hat, die zugewiesene Krankheit zu einer Rolle wird, die er perfekt beherrscht. Symptome einer psychischen Krankheit sind ausschließlich die Stimmen, die er hört. «Walser, dem sonst kaum ein Wort zu entlocken war, gab darüber meist bereitwillig Auskunft. Bei diesem Thema herrschte so etwas wie eine heimliche Übereinstimmung zwischen ihm und den Ärzten, eine Art Komplizenschaft.» [103] Robert Walser kennt den Preis. «Pat. gibt an, er habe immer noch Stimmen, will sich aber dazu nicht weiter äussern.» [104]

Carl Seelig (1894–1962)
Der Züricher Bürger war Sohn eines wohlhabenden Seidenhändlers. Nach dem Besuch der Kantonsschule und dem Erwerb der Hochschulreife in Trogen (Kanton Appenzell Ausserrhoden) absolvierte Seelig ein Jurastudium in Neuchâtel und Zürich. Er war als Publizist, Verleger, Mäzen und Schriftsteller (unter anderem als Biograph von Novalis und Albert Einstein) tätig. Seit 1936 hatte er mit Robert Walser Kontakt und gab auch seine Texte heraus; seit dem 24. Mai 1944 war er bis zu Walsers Tod der Vormund des Schriftstellers.

Carl Seelig
in den 1950er
Jahren

Als Lisa Walser im Juni 1944 stirbt, versucht Oscar Walser, der jüngere Bruder, die Vormundschaft erneut aufzuheben. Nicht der ärztliche Rat, sondern die Forderungen der Verwaltung bedeuten zu große Hindernisse, lediglich der Vormund wird neu bestimmt: Carl Seelig, der seit 1936 Kontakt mit Robert Walser hatte. Er selbst wurde nicht gefragt. Aber es ist bekannt, dass Walser gegen diese Entscheidung war [105] – obwohl oder gerade weil er zu Carl Seelig Vertrauen hatte. Denn nur ihm, dem einzigen Freund zuletzt, gelingt es gelegentlich, die Maske zu heben. Der Züricher Schriftsteller, auch Publizist, Verleger, Mäzen, führt stundenlange Gespräche mit Walser, vermittelt Angebote von Verlegern. Doch Robert Walser will und kann, wie er selbst sagt, nicht in Unfreiheit schreiben. Der Freund meint es gut. Lebt die Vormundschaft wie eine Patenschaft. Vielleicht empfindet es Walser ähnlich, wenn er stets nur einsilbig und distan-

Robert Walser auf einer Wanderung von Herisau nach Wil,
23. April 1939. Foto von Carl Seelig

ziert auf alles reagiert, was Seelig ihm über die Rezeption seiner Texte berichtet. Als 1955 die Erzählungen *Der Spaziergang* und *Kleist in Thun* ins Englische übersetzt erscheinen, antwortet Walser, als ginge es ihn nicht wirklich etwas an: *So, so!* (S 162)

Carl Seelig war bekannt für «sein humanitäres Wirken und seine ungewöhnliche Hilfsbereitschaft gegenüber Künstlern, Wissenschaftlern und Schriftstellern, [...] auch gegenüber Namenlosen, die seine Hilfe benötigten»[106]. Er kümmerte sich um Walsers Finanzen, konnte (zu Beginn auch mit Lisa Walsers Hilfe) immer wieder Geldquellen auftun. Denn Walser war durchaus besorgt, «man könnte ihn nach Erschöpfung der kleinen Summe als Armengenössigen ins Bürgerheim von Teufen abschieben»[107]. Es war das gemeinsame Interesse – das Wandern, die Literatur –, das beide miteinander verband und das für den Dichter die Bedingung des intellektuellen, des künstlerischen Weiterlebens wurde. Die gemeinsamen Gespräche, die Carl Seelig aufgezeichnet hat, zeigen, wie sehr Robert Walser noch am geistigen gesellschaftlichen Leben Anteil nahm, das freilich in die Gebäude der Anstalt immer weniger Eingang zu finden schien. Dem Freund und Vormund begegnete Walser mit einer Offenheit, die den Klinikärzten verwehrt blieb. Wenn die beiden ihre kilometerlangen, zum Teil äußerst beschwerlichen Tagesmärsche durch die Berglandschaft unternahmen, erwies sich Robert Walser als gleichberechtigter, gut informierter Gesprächspartner. Da wurden Erinnerungen wachgerufen, auch Konflikte angesprochen, die hinter dem Schweigen des Anstaltsinsassen ein für alle Mal verborgen schienen. Das ist Carl Seeligs Verdienst, vielleicht ist es Robert Walsers Überleben gewesen.

Der Schriftsteller

«Robert Walser – Schriftsteller». Die Todesanzeige weist den Beruf des Dichters aus. Das war zu hoffen, nicht unbedingt zu erwarten gewesen. Denn schon zweiundzwanzig Jahre, seit 1933, hatte er kein einziges Wort Literatur mehr geschrieben. Geschichte ist mehr als die Verknüpfung zufälliger Daten. *Meine Welt wurde von den Nazis zertrümmert* (S 76), hat Robert Walser gesagt. Im Kontext solcher Rede erscheint das Datum seiner ungewollten Überführung in die Heil- und Pflegeanstalt von Herisau im Juni 1933 von unzweifelhafter Bedeutung. Die Publikationsorte fielen nun weg, die Zeitungen, die Walsers Arbeit und damit

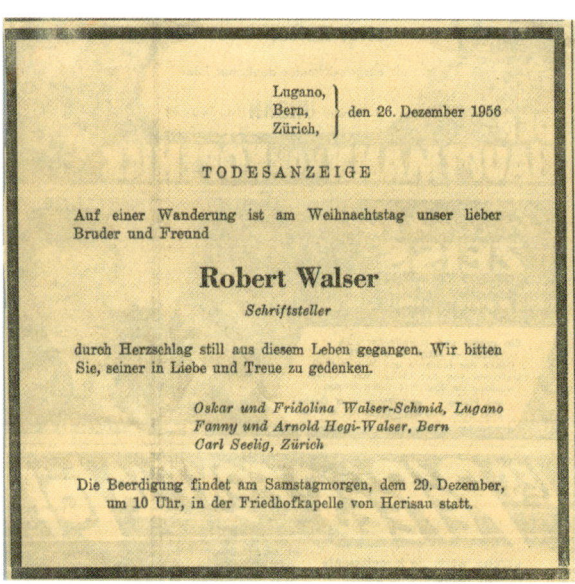

auch seinem Leben eine Struktur gegeben hatten. Auf einem Spaziergang mit Carl Seelig im Januar 1944 zog Robert Walser nüchtern Bilanz: *In Herisau habe ich nichts mehr geschrieben. Wozu auch? [...] Die Zeitungen, für die ich schrieb, sind eingegangen; ihre Redaktoren wurden verjagt oder sind gestorben. Da bin ich ja beinahe zu einem Petrefakt geworden.* (S 76) Das ist nicht die Kapitulation eines Geisteskranken, sondern die realistische Analyse eines Zeitgenossen.

Als Autor sei ich überall leicht auffindbar (MG 5,13), heißt es in einem von Walsers späten Prosastücken. In den Räumen der Anstalt von Herisau freilich ist er der Schriftsteller nicht mehr. Carl Seelig erzählt er im Februar 1950, er ist einundsiebzig Jahre alt, «daß er jetzt in der Anstalt Schnüre für die Post sortiere und aufknüpfe. Aber ihm sei diese Arbeit auch recht. Er nehme eben, was komme.» [108] Doch wenn Robert Walser aufbricht mit seinem Freund und Vormund, dann ist er Literat – wie er über die zeitgenössischen Schriftsteller spricht, aber auch über vergangene. Besonders häufig schwärmt er von Gottfried Kellers Texten; über andere spricht er differenzierter. Von Conrad Ferdinand Meyer, den er ebenfalls schätzt, sagt er auch: *Wo sein Stil felsig wird und ins Monumentale erstarrt, ist er mir fremd. Die Sprache muß fließend bleiben.* (S 131) Die deutschen Schriftstellerkollegen verhandelt er mit geradezu apodiktischen Sätzen. Thomas Mann: *wie ein fleißiger Prokurist in seinem Kontor* (S 108); und Eduard von Keyserling: ein *aussterbender König* (S 110). Ihm war Walser in München persönlich begegnet. Nichts scheint verschüttet nach vielen Jahren Klinikaufenthalt. Der Autor ergeht sich nicht bloß in wehmütigen Erinnerungen, sondern spricht mit der Sicherheit desjenigen, der sich in der Literaturszene auskennt.

Über das Dasein Robert Walsers kann man lesen: «Es war, gewiß, kein gelungenes Leben.» [109] Nach wessen Maßstab? Robert Walser jedenfalls hatte seinen eigenen. Und Unglück ist auch relativ. *Ich bin überzeugt, daß Hölderlin die letzten dreißig Jahre seines Lebens gar nicht so unglücklich war, wie es die Literaturprofessoren ausmalen. In einem bescheidenen Winkel dahinträumen zu können, ohne beständig Ansprüche erfüllen zu müssen, ist bestimmt kein Martyrium. Die Leute machen nur eines daraus!* (S 47) Als Robert Walser das sagt, ist er bereits seit zehn Jahren in Herisau. Und schon im Sommer 1941 hatte er auf einem seiner vielen Spaziergänge mit Carl Seelig gesagt:

So habe ich mein eigenes Leben gelebt, an der Peripherie der bürgerlichen Existenzen, und war es nicht gut so? Hat meine Welt nicht auch das Recht, zu existieren, obwohl es scheinbar eine ärmere, machtlose Welt ist? (S 35) Es ist das reflektierte Leben eines Schriftstellers gewesen, bis zuletzt. Auch Theodor Spoerri, Professor der Psychiatrie an der Universität Bern, gewinnt einen ähnlichen Eindruck, als er 1954 den Schriftsteller in Herisau besucht. Es war eine

«As Chend bin'i demm Walser allpott begägnet, maischtens i dä Wachtenegg obe. I ha zerscht nöd gwösst, wär da ischt und är hätt' sech auch nie vorgschtellt, hätt nöd gsäät ehär är chonnt und wohäre, das'är goht. Erscht vill schpööter, won'er gschtorbe isch, han'is vo dä Zittig ärfahre, dass dä unbekannt Maa ämoll än Dichter gsee seg. […] Irgendwiè hett'er nöd in Wald ine passt, wiè än Iiheimische, wo pöschelet. T'Lütt hend'en aber kennt, hend gsäät, är sig änn vo dä Aaschtallt und so hätt' dä glich irgendwiè däzue ghöört. […] Völlig normaal hätt'er gwirkt, nöd tragisch, äfach wiè än alte Maa zome Chend rett. Är isch äfach uuftaucht ond wider väschwunde. Nütz psonders. […] Immer älä isch' er umegloffe.»
Erinnerung einer Ausserrhoder Wirtin an Robert Walser. Nach: Peter Morger: Wandern statt Dichten. In: Robert Walser. Herisauer Jahre 1933–1956. Hg. von Peter Witschi, 2001

provokante Bemerkung über Walsers Gedichte, die den zunächst hartnäckig schweigenden Patienten schließlich zum Reden bewog – über die politischen Schriftsteller, welche die Poeten verdrängt hätten, und über seinen Ärger darüber, dass Carl Seelig «anläßlich der Neuausgabe von Walsers Gedichten Änderungen an diesen vorgenommen habe» [110].

Wie sich die Leute ein besonderes Bild machen von dem Leben eines berühmt gewordenen Dichters, so stilisieren sie zuletzt auch seinen Tod zu einem Denkmal des Besonderen: der Tote im Schnee. Robert Walser bricht am 25. Dezember 1956 nach dem Essen zu einem Spaziergang auf, und wie er eine Anhöhe hinabzusteigen beginnt, versagt sein Herz. Kinder finden ihn dort wenig später liegend, der Hut ein wenig abseits vom Körper. Es gibt ein Foto davon, es wurde oft gedruckt. Und ebenso oft erinnerte man sich an den ersten Roman Robert Walsers, in dem der glücklose Dichter Sebastian tot im Schnee liegend von Simon Tanner gefunden wird. *Eine prachtvolle Ruhe, dieses Liegen und Erstarren unter den Tannenästen, im Schnee.* (9,131) So erzählt man es gern – als seien Werk und Leben ein Kreis, der sich am Ende schließt.

Doch das so viel beachtete Bild des toten Wanderers Robert Walser im Schnee ist nicht von der Besonderheit, die ihm beigemessen wird. Dass da noch einmal jemand zu einem Spaziergang aufbricht, von dem er nicht zurückkehren wird: Dieses Muster des Sterbens ist vertraut, so kommen viele um ihr Leben. Und doch ist es ein glücklicheres Sterben, wenn man die Konsequenz des eigenen Lebens bis an sein Ende bewahren kann. Robert Walser, der Unstete, brauchte die Distanz von der Gesellschaft, immer deutlicher wurde sein langer Abschied, die Trennung von ihr. Er durfte als Spaziergänger sterben.

Anmerkungen

Die literarischen Texte Robert Walsers werden nach der Ausgabe «Sämtliche Werke in Einzelausgaben», herausgegeben von Jochen Greven, zitiert. Angegeben werden Band und Seitenzahl. Briefzitate (Sigle B) stammen aus dem Band XII / 2 der ebenfalls von Jochen Greven herausgegebenen Ausgabe «Das Gesamtwerk». Texte der Sammlung «Aus dem Bleistiftgebiet. Mikrogramme aus den Jahren 1924 – 1932», herausgegeben von Bernhard Echte und Werner Morlang, bekommen die Sigle MG. Die Gespräche aus dem Band «Wanderungen mit Robert Walser» werden im laufenden Text mit der Sigle S nachgewiesen.
Die in der Bibliographie nachgewiesenen Titel werden hier mit Autorennamen zitiert.

1   1985 ist es im ersten Band der Sammlung «Aus dem Bleistiftgebiet. Mikrogramme aus den Jahren 1924 – 1925» erschienen. (MG 1,61 f.)
2   Sauvat, S. 17
3   Lina Marty-Hauenstein an die Redaktion der «Neuen Zürcher Zeitung», 18. April 1938. Zitiert nach Echte, S. 151
4   Siehe Echte, S. 152. Dort auch das Zitierte
5   Josef Hofmiller: Der Gehülfe. In: Kerr 1, S. 50
6   Echte, S. 156
7   Siehe Jochen Greven: «Er fährt nach dem Schwabenland». Karl und Robert Walser in Stuttgart. In: Spuren 34, 1996, S. 5
8   Siehe dazu ausführlich ebd., S. 8
9   Echte S. 155
10   Zitiert nach ebd., S. 156
11   Joseph Viktor Widmann: Lyrische Erstlinge. Vorbemerkung der Redaktion. In: Kerr 1, S. 11
12   Sauvat, S. 89
13   Ebd.
14   Marcus Behmer, ein Freund Karl Walsers. Zitiert nach Mächler, S. 65
15   Kurt Tucholsky: Der Dreischichtedichter. In: Kerr 1, S. 87
16   Mächler, S. 91
17   Aus den Merksprüchen der «Blätter für die Kunst», Folge VII, 1904, S. 3. In: Jahrhundertwende. Manifeste und Dokumente zur deutschen Literatur 1890 – 1910. Hg. von Erich Ruprecht und Dieter Bänsch. Stuttgart 1981, S. 78
18   Georg Wilhelm Friedrich Hegel: Das Epos als einheitsvolle Totalität. Werke. Hg. von Eva Moldenhauer und Karl Markus Michel. Bd. 15. Frankfurt a. M. 1993, S. 392
19   Georg Wilhelm Friedrich Hegel: Das Romanhafte. Werke. Bd. 14. Frankfurt a. M. 1999, S. 220
20   Theodor Fontane: Der Stechlin [1898]. Hg. von Hugo Aust. Stuttgart 1987, S. 317
21   Siehe dazu Niklas Luhmann: Gesellschaftsstruktur und Semantik. Studien zur Wissenssoziologie der modernen Gesellschaft. Bd. 3. Frankfurt a. M. 1989, S. 158
22   Horst Thomé: Modernität und Bewusstseinswandel. In: Hansers Sozialgeschichte der deutschen Literatur vom 16. Jahrhundert bis zur Gegenwart. Bd. 7: Naturalismus, Fin de siècle, 1890 – 1918. Hg. von York-Gothart Mix. München 2000, S. 23
23   Jochen Greven: Nachwort des Herausgebers (9,346)
24   Zitiert nach Jochen Greven: Robert Walser und Christian Morgenstern. Zur Entstehungsgeschichte von Walsers Romanen. In: Kerr 2, S. 256 f.
25   Tilla Durieux: Meine ersten neunzig Jahre. Erinnerungen. München, Berlin 1971, S. 107
26   Ebd., S. 108
27   Zitiert nach Mächler, S. 107
28   Josef Hofmiller: Der Gehülfe. In: Kerr 1, S. 50

29 Rainer Maria Rilke: Die Aufzeichnungen des Malte Laurids Brigge
[1910]. Hg. von Joseph Kiermeier-
Debre. München 1997, S. 136
30 Wolfgang Hardtwig: Geschichts-
kultur und Wissenschaft. München
1990, S. 268
31 Ebd., S. 269
32 Borchmeyer, S. 1
33 Ebd., S. 62
34 Schillers Werke. Nationalausgabe. Bd. 17. Tl. 1. Hg. von Karl-
Heinz Hahn. Weimar 1970, S. 399
35 Franz Kafka: Brief an Direktor
Eisner [1909]. In: Kerr 1, S. 76
36 Flora Ackeret an Hermann Hesse,
2. Januar 1919 (DLA, Hesse-Archiv).
Zitiert nach Echte, S. 167
37 Sauvat, S. 91
38 Eine Erinnerung des Pfarrers
Ernst Hubacher, «Der letzte Poet»,
im «Kleinen Bund» vom 8. Juli
1955. Zitiert nach Mächler, S. 120
39 Siehe dazu ausführlich Echte.
40 1914 erscheint der Band «Geschichten» bei Kurt Wolff, an den
der Verlag von Ernst Rowohlt über-
gegangen war.
41 Mit Druckvermerk «1919» bei
Rascher in Zürich
42 Jochen Greven promovierte 1960
mit der ersten deutschsprachigen
Dissertation über Robert Walser
und gab von 1966 bis 1973 die erste
Gesamtausgabe der Werke Robert
Walsers heraus. Er war auch der
Erste, der einen Teil der später
von Bernhard Echte und Werner
Morlang edierten Mikrogramme
entziffert hat.
43 Zitiert nach: Die Brüder Karl und
Robert Walser. Maler und Dichter.
Hg. von Bernhard Echte und Andreas Meier, S. 32
44 Ebd., S. 60
45 Ebd., S. 8
46 Jürgens, S. 94
47 Max Horkheimer und Theodor
W. Adorno: Dialektik der Aufklärung. Philosophische Fragmente.
Frankfurt a. M. 1969, S. 162
48 Siehe Jürgens, S. 94
49 «Soweit sich Daten nachweisen
lassen.» Jochen Greven, 2,129
50 Jürgens, S. 89
51 Die Erstausgabe der Sammlung
«Kleine Dichtungen», zu der «Lenau (I)» gehört, erschien 1914 in li-
mitierter Auflage für den «Frauenbund zur Ehrung rheinländischer
Dichter» und 1915 im Kurt Wolff
Verlag, Leipzig.
52 Erst Ende der 1970er Jahre wurde
das Manuskript des ersten Brenta-
no-Gedichts («Brentano. Eine Phantasie») gefunden, es folgten dann
noch «Brentano II» und «III».
(Siehe 15,78; 16,236; 17,163)
53 Siehe Echte, S. 160 f.
54 Sauvat, S. 93
55 Anmerkungen zu Walsers Briefen, B 395
56 Peter von Matt: Robert Walsers
Zorn. In: P. v. M.: Der Zwiespalt
der Wortmächtigen. Essays zur
Literatur. Zürich 1991, S. 65 – 76,
hier S. 72
57 Joachim Ritter: Landschaft. Zur
Funktion des Ästhetischen in der
modernen Gesellschaft. In: J. R.:
Subjektivität. Frankfurt a. M. 1974,
S. 141 – 163, hier S. 141
58 Ebd., S. 160
59 Herbert Kraft: Um Schiller
betrogen. Pfullingen 1978, S. 181
60 Schillers Werke. Nationalausgabe. Bd. 1. Hg. von Julius Petersen
und Friedrich Beißner. Weimar
1943, S. 260 (hier noch unter dem
früheren Titel «Elegie»)
61 Claudia Albes: Der Spaziergang
als Erzählmodell. Studien zu Jean-
Jacques Rousseau, Adalbert Stifter,
Robert Walser und Thomas Bernhard. Tübingen, Basel 1999, S. 12
62 Siehe dazu ebd., S. 234 f.
63 Jürgens, S. 89
64 Erinnerungen des Lehrers und
Schriftstellers Emil Schibli, zitiert
nach Mächler, S. 138
65 Der Roman ist verschollen. Vielleicht lag er von 1924 an «beim Ver-

leger Rowohlt in Berlin» (B 323), wie Walser sich später erinnerte, wahrscheinlicher ist, dass das Manuskript dort erst nach dem Druck der Sammlung «Die Rose» anlangte.

66 «Ein Tagebuchblatt aus dem Februar 1956», in der «Neuen Zürcher Zeitung» vom 26. Mai 1957; mit geringen Änderungen auch in Morgenthalers Erinnerungsbuch «Ein Maler erzählt», Zürich 1957

67 Das Romanfragment «Theodor» wird nach der von Jochen Greven herausgegebenen und 1966 in Genf und Hamburg erschienenen Gesamtausgabe nachgewiesen: Bd. 7: Festzug. Prosa aus der Bieler und Berner Zeit, S. 308

68 Ebd., S. 331

69 Zitiert nach Mächler, S. 160 f.

70 Zitiert nach ebd.

71 Es gibt auch die Prosastücke «Das Kind (I)» und «Das Kind (II)» (16,89 f. und 172 – 175). Sie stehen aber in keinem direkten Zusammenhang miteinander.

72 Jochen Greven: Nachwort des Herausgebers (8, 108, 111, 112)

73 «Das 53 Seiten umfassende Manuskript im Nachlaß Robert Walsers trug keinen Titel (wie auch noch einige andere Manuskripte).» (18,340)

74 18,341

75 Eine Erinnerung des Pfarrers Ernst Hubacher, «Der letzte Poet», im «Kleinen Bund» vom 8. Juli 1955. Zitiert nach Mächler, S. 120

76 Kerstin Gräfin von Schwerin: «Kolossal zierliche Zusammenschobenheiten von durchweg abenteuerlichem Charakter». In den Regionen des Bleistiftgebiets. In: Text + Kritik, S. 168

77 Mächler, S. 130

78 Siehe dazu MG 2,523

79 Die meisten Prosastücke der Sammlung haben keinen Titel, wurden dann wie dieser von den Herausgebern mit den Anfangsworten überschrieben.

80 «Unsichere» oder «hypothetische Wörter» wie dieses haben die Herausgeber in serifenloser Type gesetzt (siehe MG 1,6). (Gilt auch für das im Zitat vorausgehende Wort «eine».)

81 Gräfin von Schwerin, S. 165

82 Ebd.

83 Ebd., S. 162

84 Siehe S. 34

85 Martin Jürgens: Nachwort (12,205)

86 Siehe dazu Kap. 8, S. 80 ff.

87 Martin Jürgens: Nachwort (12,201)

88 Ebd. (12,207)

89 B 423

90 Lisa Walser am 5. Juli 1937 in einem Brief an Carl Seelig. Walser-Archiv, zitiert nach Iris Blum: Lisa Walser zwischen Fürsorge und Abwehr. In: Robert Walser. Herisauer Jahre 1933 – 1956. Hg. von Peter Witschi. Herisau 2001, S. 24

91 18,[358]

92 Aus einem Urteil des Amtsgerichts Bern, zitiert nach Peter Witschi: Unter Vormundschaft. In: Robert Walser. Herisauer Jahre, S. 54

93 Ebd., S. 54

94 Mächler, S. 175

95 Ebd., S. 176

96 Marcel Zünd: In der Psychiatrischen Klinik Herisau. In: Robert Walser. Herisauer Jahre, S. 31

97 Ebd.

98 Bruno Kägi: «Stündelipigger» oder der schizophrene Schriftsteller. In: Robert Walser. Herisauer Jahre, S. 51

99 Zitiert nach Mächler, S. 238

100 Auszug aus Walsers Krankengeschichte, Jahresvisite 1953. Abgedruckt in: ebd., S. 37

101 Ebd., S. 38

102 Auszug aus Walsers Krankengeschichte, ebd., S. 37

103 Ebd., S. 36

104 Auszug aus Walsers Kranken-
    geschichte, ebd., S. 37
105 Siehe dazu Witschi, S. 57
106 Elio Fröhlich: Nachwort (S 175)
107 Mächler, S. 229
108 S 126

109 Martin W. Lüdke: Robert Walser.
    In: Genie und Geld. Vom Auskom-
    men deutscher Schriftsteller.
    Hg. von Karl Corino. Reinbek bei
    Hamburg 1991, S. 359
110 Mächler, S. 251

1878 Am 15. April wird Robert Otto Walser als 7. von acht Kindern in Biel geboren.

1884 Der Bruder Adolf stirbt fünfzehnjährig an Schwindsucht.

1884 – 92 Besuch der Volksschule und des Progymnasiums in Biel.

1892 – 95 Lehre bei der Berner Kantonalbank. Mitwirkung im Dramatischen Verein, Biel.

1894 Am 22. Oktober stirbt die Mutter.

1895 Von April bis August arbeitet Walser in Basel als Büroangestellter bei von Speyr & Co., dann in Stuttgart bei der Union – Deutsche Verlags-Anstalt. Er versucht Schauspieler zu werden, lebt mit dem Bruder Karl zusammen.

1896 Ende September Rückkehr in die Schweiz, nach Zürich. Walser tritt eine Stelle bei der Schweizer Transport Versicherungsgesellschaft an.

1897 Ende November kündigt Walser bei der Versicherungsgesellschaft und reist nach Berlin. Anfang Dezember ist er erneut in Zürich und vollendet das erste Heft mit ca. 40 Gedichten.

1898 Erste Veröffentlichung am 8. Mai; einige Gedichte erscheinen im «Sonntagsblatt des Bund». Im Winter zieht er sich auf den Zürichberg zurück, weitere Gedichte entstehen.

1899 Ab Januar ist Walser in Thun in verschiedenen Anstellungen. Ab März schreibt er die vier Dramolette *Die Knaben*, *Dichter*, *Aschenbrödel* und *Schneewittchen*. Ab Oktober ist er in Solothurn. Erste Veröffentlichung in der Zeitschrift «Die Insel».

1900 Bis April lebt Walser in Solothurn; vermutlich lebte er danach die meiste Zeit in Zürich, aber bis Herbst 1901 ist sein genauer Verbleib ungeklärt.

1901 September in München; Kontakt mit den Redakteuren der Zeitschrift «Die Insel». Im November ist er wieder in Zürich; die ersten Teile von *Fritz Kochers Aufsätzen* entstehen.

1902 Januar in Berlin, vergebliche Publikationsversuche. Von Februar bis April lebt Walser bei seiner Schwester Lisa in Täuffelen am Bielersee, anschließend wieder in Zürich. Er arbeitet in der Schreibstube für Stellenlose.

1903 Von Anfang März bis Mitte April arbeitet Walser in Winterthur als Angestellter der Elastiquefabrik Moritz Ganzoni. Von Mai bis Juni ist er in der Rekrutenschule in Bern. Von Ende Juli bis Dezember ist er Gehilfe des Ingenieurs Carl Dubler in Wädenswil am Zürichsee.

1904 Ab Januar lebt Walser wieder in Zürich, jetzt als Angestellter bei der Zürcher Kantonalbank. *Fritz Kochers Aufsätze* erscheint im Dezember in Leipzig. Im November erster Militär-Wiederholungskurs in Bern.

1905 Ende Februar Kündigung bei der Zürcher Kantonalbank. Kurze Zeit in Basel. Ende März reist Walser nach Berlin, wohnt bei seinem Bruder Karl. Im Herbst: Besuch einer Dienerschule, bis Jahresende ist er Diener auf Schloss Dambrau in Oberschlesien.

1906 Anfang Januar kehrt er nach Berlin zurück. Niederschrift der *Geschwister Tanner*.

1907 Mitarbeit an der Zeitschrift «Die Schaubühne». Im Februar erscheint *Geschwister Tanner*. Im Frühjahr ist Walser Sekretär bei der Berliner Sezession. Veröffentlichungen in verschiedenen Zeitschriften. Im Sommer bezieht

Walser eine eigene Wohnung. *Der Gehülfe* entsteht.

1908 Im Frühjahr erscheint *Der Gehülfe*. Entstehung des *Jakob von Gunten*. In 300 nummerierten und signierten Exemplaren erscheint der bibliophile Band *Gedichte*.

1909 *Jakob von Gunten* erscheint. Insgesamt starker Rückgang der Veröffentlichungen auch in den folgenden Jahren.

1911 Gegen freie Kost und Logis arbeitet Walser für Anna Scheer, die Eigentümerin des Hauses Spandauer Berg 1 in Berlin.

1913 Im März kehrt Walser in die Schweiz zurück. Bis Mai / Juni lebt er bei seiner Schwester Lisa in Bellelay. Der Prosaband *Aufsätze* erscheint. Walser zieht ins Hotel «Zum blauen Kreuz» in Biel. Die Freundschaft mit Frieda Mermet beginnt.

1914 Am 9. Februar stirbt der Vater. Walser bereitet den Prosaband *Kleine Dichtungen* vor, für den er im Sommer einen Preis des «Frauenbundes zur Ehrung rheinländischer Dichter» erhält. Der Band *Geschichten* erscheint. Nach Ausbruch des Ersten Weltkriegs muss Walser an verschiedenen Orten Militärdienst leisten.

1915 Kurzer Besuch bei Karl Walser in Berlin; Militärdienst.

1916 Am 17. November stirbt der Bruder Ernst in der Heilanstalt Waldau bei Bern. Der Band *Prosastücke* (mit Druckvermerk «1917») erscheint im November.

1917 Die Sammlung *Kleine Prosa* erscheint im April. Im November erscheint *Poetenleben* (mit Druckvermerk «1918»).

1918 Im Januar schließt Walser das Manuskript *Seeland* ab, das aber erst 1920 mit Druckvermerk «1919» erscheint.

1919 Am 1. Mai begeht der Bruder Hermann Selbstmord. Eine zweite Auflage der *Gedichte* und der Band *Komödie* erscheinen.

1920 8. November: Leseabend im Kleinen Tonhallesaal in Zürich.

1921 Im Januar zieht Walser nach Bern um. Für einige Monate ist er zweiter Bibliothekar des Berner Staatsarchivs. Im November schließt er die Arbeit an seinem Roman *Theodor* ab.

1922 Am 8. März liest Walser aus dem Roman *Theodor* im Lesezirkel Hottingen in Zürich vor.

1925 Februar: Die letzte Buchveröffentlichung *Die Rose* erscheint. Niederschrift der *Felix*-Szenen, Arbeit am *Räuber*-Roman. Oktober: Der Briefwechsel mit Therese Breitbach beginnt.

1926 Im Oktober entsteht das *Tagebuch*-Fragment.

1929 Am 25. Januar tritt Walser in die Heilanstalt Waldau ein.

1933 Walser wird in die Heil- und Pflegeanstalt in Herisau gebracht. Ende seiner schriftstellerischen Arbeit. Eine Neuauflage der *Geschwister Tanner* erscheint.

1936 Erste Begegnung mit Carl Seelig, Beginn gemeinsamer Wanderungen und Gespräche. Neuausgabe des Romans *Der Gehülfe*.

1937 Auswahl *Große kleine Welt*, herausgegeben von Carl Seelig. Dieser übernimmt die Vormundschaft und besorgt verschiedene Auswahlbände und Neuausgaben.

1943 Am 28. September stirbt Karl Walser.

1944 Am 7. Januar stirbt Lisa Walser.

1950 Neuausgabe des Romans *Jakob von Gunten*.

1953 Die von Carl Seelig veranstaltete Herausgabe der *Dichtungen in Prosa* beginnt.

1956 Am 25. Dezember stirbt Walser auf einem Spaziergang.

ZEUGNISSE

Robert Walser

*Für mich jedoch hat die Bleistifterei eine
Bedeutung. Für den Schreiber dieser
Zeilen gab es nämlich einen Zeitpunkt,
wo er die Feder schrecklich, fürchterlich
haßte, wo er ihrer müde war, wie ich
es Ihnen kaum zu schildern imstand
bin, wo er ganz dumm wurde, so wie
er sich ihrer nur ein bißchen zu bedienen begann, und um sich von diesem
Schreibfederüberdruß zu befreien, fing
er an, zu bleistifteln, zu zeichneln, zu
gfätterlen. Für mich ließ es sich mit Hilfe
des Bleistiftes wieder besser spielen, dichten; es schien mir, die Schriftstellerlust
lebe dadurch von neuem auf. Ich darf Sie
versichern, daß ich (es begann dies schon
in Berlin) mit der Feder einen wahren
Zusammenbruch meiner Hand erlebte,
eine Art Krampf, aus dessen Klammern
ich mich auf dem Bleistiftweg mühsam,
langsam befreite. Eine Ohnmacht, ein
Krampf, eine Dumpfheit sind immer
etwas körperliches und zugleich seeli-
sches. Es gab also für mich eine Zeit der
Zerrüttung, die sich gleichsam in der
Handschrift, im Auflösen derselben, ab-
spiegelte und beim Abschreiben aus dem
Bleistiftauftrag lernte ich knabenhaft
wieder – schreiben.*
Brief an Max Rychner, 20. Juni 1927

Hermann Hesse
Wenn solche Dichter wie Walser zu
den «führenden Geistern» gehören
würden, so gäbe es keinen Krieg.
Wenn er hunderttausend Leser hätte,
wäre die Welt besser.
Zu «Poetenleben», 1917

Walter Benjamin
Während wir gewohnt sind, die
Rätsel des Stils uns aus mehr oder
weniger durchgebildeten, absichts-
vollen Kunstwerken entgegentreten
zu sehen, stehen wir hier vor einer,
zumindest scheinbar, völlig absichts-
losen und dennoch anziehenden und
bannenden Sprachverwilderung. Vor
einem Sichgehenlassen dazu, das alle
Formen von der Grazie bis zur Bitter-
nis aufweist. Scheinbar sagten wir,
absichtslos. Man hat manchmal darüber gestritten, ob wirklich. Aber das
ist ein tauber Disput, und man merkt
es, wenn man an das Eingeständnis
von Walser denkt, er habe in seinen
Sachen nie eine Zeile verbessert. Man
braucht ihm das gewiß nicht zu glauben, täte aber doch gut daran. Denn
man wird sich dann bei der Einsicht
beruhigen: zu schreiben und das
Geschriebene niemals zu verbessern,
ist eben die vollkommene Durch-
dringung äußerster Absichtslosigkeit
und höchster Absicht.
Das Tagebuch 10, 1929

Max Brod
Es sieht manchmal so aus, als habe
er mit seiner bizarren Ironie geradezu Sorge dafür getragen, seine Spuren zu verwischen, die Urteile auch
Wohlmeinender über seinen Wert
zu verwirren. Er war ganz einsam.
Streitbares Leben, 1960

Martin Walser
Robert Walser schlägt einem von Mal
zu Mal die Instrumente kaputt, mit
denen man ihn erklären will. Freude
und Trauer da so dicht in einans
gesät, Verzweiflung und Jubel wach-
sen auf demselben Ast und umarmen
einander fortwährend. Und weil man
nun einmal die Gewohnheit hat,
sich ein Bild machen zu wollen von
einem, den man lange und gern liest,
wird man bei diesem Schweizer Ur-
verwandten Kafkas oft ein bißchen
zusammenbrechen. Dabei hat er,
wie auch Kafka, fast nur über sich
geschrieben. Für seine Landschafts-
und Naturgegenstände würde ich
mich zumindest überhaupt nicht
interessieren können, wenn nicht
dieser vertrackte Wanderer wäre, der
erzählt, wie er sich vorkommt im

alpinen Programm. Und auf die Art, wie er sich vorkommt, ist eben niemals Verlaß. Andauernd schwankt er zwischen Karl Valentin und Hölderlin.

Alleinstehender Dichter. Über Robert Walser, 1963

Elfriede Jelinek
Sind Sie auf der Suche nach mir? Sie werden mich in mir nicht finden, aber Sie können mich, wenn Sie sich auf die Vorderbeine niederlassen, gern besichtigen! Ich bin niedrig wie Blumen, die es ja auch nur beschränkt vermögen, sich mit Hilfe eines kleinen Winds zu bewegen. Nun, auch ich bin in mir eingesperrt und kann mich nicht von mir zum Beispiel in einem Kaffeehaus erholen. Hübsch ist es auch, in Bahnhöfen herumzustehen und die Reisenden, die ankommen und fortgehen, gemütlich betrachten zu können. Da sind Sie so weit hergereist, um mich verstehen zu lernen, und leider muß ich Ihnen mitteilen, daß jeder Lautsprecher, der die Abfahrtszeiten ansagt, mehr über mich und meine Ziele weiß als ich selbst.

er nicht als er [zu, mit Robert Walser]. Ein Stück, 1998

Bibliographie

Verzeichnet werden die wichtigsten Ausgaben und eine Auswahl der Forschungsliteratur.

1. Ausgaben

Robert Walser: Das Gesamtwerk. Hg. von Jochen Greven. 12 Bde. Genf 1966–1973

Robert Walser: Sämtliche Werke in Einzelausgaben. Hg. von Jochen Greven. 20 Bde. Zürich und Frankfurt a. M. 1985/86

Aus dem Bleistiftgebiet. Mikrogramme aus den Jahren 1924–1932. Hg. von Bernhard Echte und Werner Morlang. 6 Bde. Frankfurt a. M. 1985–2000

2. Literatur zu Leben und Werk

Amann, Jürg: Robert Walser. Eine literarische Biographie in Texten und Bildern. Zürich 2006

Borchmeyer, Dieter: Dienst und Herrschaft. Ein Versuch über Robert Walser. Tübingen 1980

Echte, Bernhard: Karl und Robert Walser. Eine biographische Reportage. In: Die Brüder Karl und Robert Walser. Maler und Dichter. Hg. von B. E. und Andreas Meier. Stäfa 1990

–: Robert Walser. Sein Leben und Werk in Bildern und Texten. Frankfurt a. M. 2007

Greven, Jochen: Robert Walser. Figur am Rande, in wechselndem Licht. Frankfurt a. M. 1992

«Immer dicht vor dem Sturze …». Zum Werk Robert Walsers. Hg. von Paolo Chiarini und Hans Dieter Zimmermann. Frankfurt a. M. 1987

Jürgens, Martin: Fern jeder Gattung, nah bei Thun. Über das mimetische Vermögen der Sprache Robert Walsers am Beispiel von «Kleist in Thun». In: Robert Walser. Hg. von Klaus-Michael Hinz und Thomas Horst. Frankfurt a. M. 1991, S. 87–100

Kerr, Katharina (Hg.): Über Robert Walser. 3 Bde. Frankfurt a. M. 1978/79

Mächler, Robert: Das Leben Robert Walsers. Eine dokumentarische Biographie. Frankfurt a. M. 1992 (zuerst Genf, Hamburg 1966)

Robert Walser. Dossier Literatur 3. Redaktion: Elsbeth Pulver und Arthur Zimmermann. Zürich, Bern 1984

Robert Walser und die moderne Poetik. Hg. von Dieter Borchmeyer. Frankfurt a. M. 1999

Robert Walser. Herisauer Jahre 1933–1956. Hg. von Peter Witschi. Herisau 2001

Sauvat, Catherine: Vergessene Welten. Biographie zu Robert Walser. Aus dem Französischen von Helmut Kossodo. Zürich 1993 (zuerst 1989)

Seelig, Carl: Wanderungen mit Robert Walser. Neu hg. im Auftrag der Carl-Seelig-Stiftung und mit einem Nachwort versehen von Elio Fröhlich. Frankfurt a. M. 1977

Text + Kritik, 12/12a: Robert Walser. Neufassung 2004

NAMENREGISTER

Die kursiv gesetzten Zahlen verweisen auf die Abbildungen.

A(c)keret, Flora 55
Adorno, Theodor Wiesengrund 65

Behmer, Marcus 22; Anm. 14
Benjamin, Walter 153
Blei, Franz 22 f., 70 f.
Borchmeyer, Dieter 46
Breitbach, Joseph 115
Breitbach, Therese 115 f., 120, 122
Brentano, Clemens 64, 71
Broch, Hermann 36
Brod, Max 54, 120, 153
Büchner, Georg 64

Cassirer, Bruno (Verlag) 20, 28, 37 f., 43, 62, *39*
Cassirer, Paul 39 f.

Darwin, Charles 46
Dickens, Charles 64, 70
Döblin, Alfred 130
Dubler, Carl 42
Durieux, Tilla 40 f.

Echte, Bernhard 77, 106, 109, 118
Eichendorff, Joseph von 38
Einstein, Albert 138

Fischer, Samuel (Verlag) 28, 62
Fontane, Theodor 33
Friedrich, Nikolaus, gen. Kles 40 f.
Frisch, Efraim 92

Goethe, Johann Wolfgang von 35 f., 59, 118, *59*
Greven, Jochen 62, 97

Hauff, Wilhelm 64, 70
Hauptmann, Gerhart 16
Hegel, Georg Wilhelm Friedrich 33
Hegi, Arnold (Schwager) 115, 135
Hesse, Hermann 39, 47, 79, 153
Hinrichsen, Otto 136
Hoffmann, Ernst Theodor Amadeus 17

Hofmannsthal, Hugo von 42
Hölderlin, Friedrich 64, 69 f., 144
Horkheimer, Max 65
Hubacher, Ernst Anm. 75
Huber & Co. (Verlag) 80

Jelinek, Elfriede 154
Jesus von Nazareth 125
Jürgens, Martin 65, 69

Kafka, Franz 36, 51, 53, 130
Kant, Immanuel 49
Keller, Gottfried 118, 125, 143
Keyserling, Eduard von 143
Kleist, Heinrich von 64 ff., 68
Kotzebue, August von 64, 72
Kubin, Alfred 22

Lenau, Nikolaus (eigtl. Nikolaus Franz Niembsch, Edler von Strehlenau) 64, 71
Lenz, Jakob, Michael Reinhold 23, 64
Liebermann, Max 28, 39
Lüthy, Johanna 76 f., *76*

Mächler, Robert 8, 134
Mann, Thomas 33, 47, 62, 143
Marty-Hauenstein, Lina Anm. 3
Maupassant, Guy de 104
Mermet, Frieda 54, 56, 74 ff., 78 ff., 84 f., 87, 90 ff., 104, 114 f., 118, 122, 131, 135, *74*
Mermet, Louis 75, *74*
Meyer, Conrad Ferdinand 143
Morgenstern, Christian 38, 42, *38*
Morgenthaler, Ernst 88, 91
Morlang, Werner 106, 109, 118
Musil, Robert 36, 47, 130

Nietzsche, Friedrich 46, 71
Novalis (eigtl. Georg Friedrich Philipp Freiherr von Hardenberg) 138

Paulus 124
Petrarca, Francesco 81 f.
Pick, Otto 97, 116, 122
Poellnitz, Rudolf von 24 f., 32
Proust, Marcel 104, 130

Rascher (Verlag) 78 ff., 85 ff.

Rathenau, Walther 127 f.
Reinhardt, Max 28
Rilke, Rainer Maria 36, 44
Rimbaud, Arthur 23
Rousseau, Henri 124
Rowohlt, Ernst (Verlag) 57, 62, 94 f.;
  Anm. 40, 65
Rychner, Max 89, 92 ff.

Schäfer, Wilhelm 74
Schätzle, Rosa 77
Schibli, Emil Anm. 64
Schiller, Friedrich 13, 15, 49, 82 f.,
  119
Schweizer, Louisa 77
Seelig, Carl 4, 6, 29, 39, 51, 54, 112,
  131, 135 f., 138 – 141, 143 f., *139*
Spitzweg, Carl 56
Spoerri, Theodor 144
Stendhal (eigtl. Marie Henri Beyle)
  125

Tischbein, Johann Heinrich Wilhelm
  59
Tucholsky, Kurt 26

Vulpius, Christian August 125

Walker, Anni 91
Walser, Adolf (Bruder) 8

Walser, Adolf (Vater) 7 ff., 13, 23,
  55, *9*
Walser, Elisa, geb. Marti (Mutter)
  7 – 10, 13, 23, 87, 133, *9*
Walser, Ernst (Bruder) 8, 32, 125,
  133, *133*
Walser, Fanny, verh. Hegi (Schwester)
  8 f., 20, 32, 40, 50, 55, 90, 115, 118,
  135, *135*
Walser, Hedwig Agnes, geb. Czar-
  netzki (Schwägerin) *63*
Walser, Hermann (Bruder) 8, 32, 125,
  133, *133*
Walser, Karl («Kari»; Bruder) 4, 8,
  10, 13 ff., 26 – 29, 32, 37, 39 – 43, 51,
  54 – 58, 61 f., 76 f., 80 f., 86, 95, 115,
  125, 41, 63
Walser, Lisa (Schwester) 8 f., 24, 32,
  50, 55, 74, 76, 86 f., 112, 114 f., 118,
  120 f., 131, 133, 135, 139, 141, *86*
Walser, Martin 153
Walser, Oscar (Bruder) 8, 32, 139
Wedekind, Frank 22, 40 ff., 110
Wedekind, Tilly 40 ff.
Wenger, Lisa 89
Widmann, Josef Viktor 21, 24
Wolff, Kurt (Verlag) 73; Anm. 40, 51
Wölfli, Adolf 121

ÜBER DIE AUTORIN

Diana Schilling, geb. 1964, Studium der Deutschen Philologie, Neueren Geschichte und Politikwissenschaft in Münster. 1992 Magistra Artium, 1996 Promotion. Von 1996 bis 2003 Wissenschaftliche Assistentin im Institut für Deutsche Philologie II an der Universität Münster. Dort anschließend Lehrbeauftragte und freie Autorin; zurzeit Studienreferendarin in Münster. Veröffentlichungen zu Gottfried Keller (Kellers Prosa. Frankfurt a. M. 1998), Otto Ludwig (in: Otto Ludwig. Das literarische und musikalische Werk. Hg. von Claudia Pilling in Zusammenarbeit mit Jens Dirksen. Frankfurt a. M. 1999), Theodor Fontane, Friedrich Schiller (Schillers Werke. Nationalausgabe, Bd. 5N. Hg. von Herbert Kraft, Claudia Pilling und Gert Vonhoff in Zusammenarbeit mit Grit Dommes und Diana Schilling. Weimar 2000) und zur Editionsphilologie. Bei rowohlts monographien liegt vor: Friedrich Schiller (in Zusammenarbeit mit Claudia Pilling und Mirjam Springer. Reinbek 2002, rm 50600).

Entstanden ist diese Monographie in den Jahren 2005 und 2006. Für kritische Lektüre und viele Anregungen danke ich Dr. Grit Dommes, Prof. Dr. Dr. h. c. Herbert Kraft, Dr. Wolfgang Müller und Dr. Claudia Pilling.

rowohlts monographien

Dichter und Literaten

Astrid Lindgren
Sybil Gräfin Schönfeldt
rororo 50703

William Shakespeare
Alan Posener
rororo 50641

Johann Wolfgang von Goethe
Peter Boerner
rororo 50577

Franz Kafka
Klaus Wagenbach
rororo 50649

Thomas Mann
Klaus Schröter
rororo 50677

Heinrich Heine
Christian Liedtke
rororo 50685

Friedrich Schiller
Claudia Pilling/Diana Schilling/
Mirjam Springer. rororo 50600

Hermann Hesse
Bernhard Zeller
rororo 50676

Rainer Maria Rilke
Hans-Egon Holthusen
rororo 50022

Klaus Mann
Uwe Naumann
rororo 50695

Bertolt Brecht
Reinhold Jaretzky

rororo 50692

Weitere Informationen in der Rowohlt Revue *oder unter* www.rororo.de